SNE ジャーナル

第 29 巻第 1 号　2023.10

特　集：国連障害者権利委員会勧告から探る特別ニーズ教育

図書紹介

原田大介著

SNE ジャーナル，29(1)，2023，1-6

特集にあたって

国連障害者権利委員会の勧告から
特別ニーズ教育についてどのように考えるか

堤　英俊

（都留文科大学／担当理事）

　2022 年 9 月、国連の障害者権利委員会から日本政府に対して、国連障害者権利条約の履行に関する総括所見（勧告）が出された。実際の勧告の内容は多岐にわたっているが、こと教育に関わるところでは、合理的配慮の保障を前提にした「原則インクルーシブ教育」の推進（実質的に分離的特別教育が継続されている状況の転換）に関して、課題と論点が提起されている。

　ここでいうインクルーシブ教育とは、エクスクルーシブ教育（排除的教育）の対概念で、障害に限らず、人種、国籍、言語、宗教、虐待、いじめ、貧困といった多様な理由により社会的に周縁化されやすい子どもとそうでない子どもとが地域の学校で「共に学ぶ」教育のことである（堤，2019）。それはインクルーシブな社会の形成を念頭に置いた未来志向の教育であり、学齢期のメインストリームをなす通常学級を「社会の縮図」と見なして、その共同体を差異・多様性を尊重するインクルーシブなもの（包摂性の高いもの）にしていこうという学校教育の改革運動として捉えることができる。

キーワード

国連障害者権利委員会　UN Committee on Rights of Persons with Disabilities

インクルーシブ教育　Inclusive Education

特別ニーズ教育　Special Needs Education

障害の個人モデル　Individual Model of Disability

障害の社会モデル　Social Model of Disability

障害の相互作用モデル　Interactive Model of Disability

　日本特別ニーズ教育学会では、第8期理事会の最終年度（2018年）におけ
る1年間の課題研究「改めて『特別ニーズ教育』とは何か」と第9期理事会
（2019〜2022年）における3年間の課題研究「特別ニーズ教育に関する概念
整理・国際比較・学史的展望」の計4年間にわたって、「特別ニーズ教育」と
は何か、その現代的な意義と課題はいかなるものかについて、問い直しの作業
を行ってきた。また、学会としてテキスト『現代の特別ニーズ教育』の編集を
行い、2020年6月に文理閣から刊行した。こうした最中に検討され、出され
たのが、国連障害者権利委員会の勧告である。

　このような経緯から、第10期開始早々の理事会（2023年〜）において、初
年度の課題研究として「国連障害者権利委員会の勧告から、特別ニーズ教育に
ついてどのように考えたらよいのか」をテーマとして取り上げようという話に
なったのだが、ここで、悩ましい論点が頭をもたげてくることになった。

　先に述べたとおり、国連障害者権利委員会の勧告はインクルーシブ教育の推
進に向けたものであり、特別ニーズ教育について直接的に言及したものではな
い。そのため、「国連障害者権利委員会の勧告」を取り上げようとするときに、
その勧告からインクルーシブ教育についてどのように考えたらよいのかについ
ては議論しやすいのだが、勧告から特別ニーズ教育についてどのように考えた
らよいのかを問おうとする場合には少々話が入り組むのである。ようは、「国
連障害者権利委員会の勧告から、特別ニーズ教育についてどのように考えたら
よいのか」という点を問おうとするならば、未だ決着のついていない「特別
ニーズ教育とインクルーシブ教育の関係についてどのように捉えたらよいか」
という悩ましい論点についても併せて検討しなければならないのである。

　荒川（2019）が、本学会の状況について、会員間で特別ニーズ教育の定義、
理念、概念について十分な共通理解ができていない、多くの会員の問題意識が
特別ニーズ教育よりもインクルーシブ教育に移ってしまっている等について指
摘しているが、ここ3年ほど、理事・常任編集委員として『SNE ジャーナル』
に投稿される論文の内容や研究大会での発表内容に目を通す限りでは、4年間
の課題研究を経た今も、荒川が指摘した状況に大きな変化があるようには思え
ない。つい最近も、ある大学院生から、「国内にインクルーシブ教育の教育学
に関する学会がないので、特別ニーズ教育学会に入会するのがよいでしょう

か？」との率直な相談を受けたばかりである。

　いくら多くの会員の問題意識がインクルーシブ教育に移ってきているからといって、特別ニーズ教育を主題から外し、「国連障害者権利委員会の勧告から、インクルーシブ教育についてどのように考えたらよいのか」を本学会の課題研究のテーマに据えることは、議論がシンプルになるという利点はあるにしろ、やりすぎの感がある。本学会は曲がりなりにも「特別ニーズ教育」を冠する学会であり、個々の子どもの特別な教育的ニーズに応答する教育実践にこだわりを持つ団体であるからである。

　同じく荒川（2019・2020）が、文部科学省が特別支援教育の英訳として"special needs education" を採用した（特別支援教育と特別ニーズ教育を素朴に重ねた）ことや、近年のユネスコが特別ニーズ教育とインクルーシブ教育を明確に区別する必要性を強調し、特別ニーズ教育が伝統的な特殊教育と重ねられていることを指摘しているが、こうした動向は、本学会として見過ごすことのできない事態であるといえるだろう。

　これらのことを踏まえ、特別ニーズ教育とインクルーシブ教育の関係について本質的に問い直すことを論点として含ませつつ、「国連障害者権利委員会の勧告から、特別ニーズ教育をどのように考えたらよいのか」について問うことを趣旨として、今回の課題研究を立ち上げることになった。そして、この課題研究に関わって今回執筆を担当いただいたのが、これまで特別ニーズ教育・インクルーシブ教育に関する研究に精力的に取り組んでこられた気鋭の研究者4氏（窪島務氏、眞城知己氏、中邑賢龍氏、赤木和重氏）である。

①　窪島務（滋賀大学名誉教授）「『インクルーシブ・スペシャル・エジュケーション』の基礎としての『特別の教育的ニーズ』（SEN）概念の再定義とSEN システム」：改めて、「特別の教育的ニーズ」とは何か、を振り返りつつ、国連障害者権利委員会の日本への勧告が求めるインクルーシブ教育モデルの是非および通常学校教育と障害児教育を統合する「インクルーシブ・スペシャル・エジュケーション」の将来的展望について考える。

②　眞城知己（関西学院大学）「国連障害者権利委員会勧告（総括所見）と特別ニーズ教育・インクルーシブ教育研究の課題」：特別な教育的ニーズ概

念とインクルーシブ教育が動的性質で常にプロセスを表すという概念理解
をふまえながら障害者権利委員会 (CRPD) からの勧告（総括所見）の特徴
と今後の特別ニーズ教育研究及びインクルーシブ教育研究の課題について
検討する。

③　中邑賢龍（東京大学）「日本でインクルーシブ教育を展開するにあたって
　　障壁となるもの」：国連障害者権利条約（および権利委員会勧告）は、障
　　害の捉え方に関して医学モデルから社会モデル／人権モデルへの転換を求
　　め、障害当事者自らの「意思決定」を重視している。障害の社会モデル／
　　人権モデルから見た日本のインクルーシブ教育の課題やその改善に向けた
　　方策について ICT をキーワードに検討する。

④　赤木和重（神戸大学）「インクルーシブ教育における『通常学級の改革』
　　の課題と展望－規範の弛緩および多様な学力から出発する授業づくり－」：
　　インクルーシブ教育を推進するうえで、通常学級の改革が重要であること
　　は、立場が違えども一致している。しかし、具体的な通常学級の改革の道
　　筋が必ずしも見通せているわけではない。そこで、本研究では、「通常学
　　級の改革」について、これまでの現状を整理した上で、通常学級の改革に
　　ついてどのような改革がありうるのかについて提起を行う。

　4氏みなが、共通項として国連障害者権利委員会の勧告に向き合いつつ、前
半の窪島氏と眞城氏は、主に、特別ニーズ教育とインクルーシブ教育の関係に
ついて解きほぐすことに力点を置いた論考を展開し、後半の中邑氏と赤木氏
は、主に、日本においてインクルーシブ教育を進展させていくにあたっての課
題や方策について検討することに力点を置いた論考を展開している。

　このように書くと前半の論調と後半の論調との間にズレがあるように誤解さ
せてしまうかもしれないが、読んでもらえれば分かるとおり、実際には、前半
と後半の主張や論点は部分部分で重なり、交差してもいる。掲載順序等を編集
した筆者の感触では、4氏の論考を、窪島氏のものから順々に読み進め、最後
の赤木氏のものまで読み終えた後に、全体を振り返って俯瞰してもらうこと
で、本課題研究における「国連障害者権利委員会の勧告から、特別ニーズ教育
についてどのように考えたらよいのか」という入り組んだ問いになんとかアク

セスしてもらえそうな予感を持っている。「前から順に読む」という極めてオーソドックスな方法ではあるが、読者に推奨したい読み方である。

　最後に、議論の前座として、少しばかり筆者の見解を示しておくと、「国連障害者権利委員会の勧告から、特別ニーズ教育についてどのように考えたらよいのか」という問いについて深く探究していくには、筆者自身は、さしあたり次のようなことが検討課題となってくるのではないかと考えている。

　すなわち、第1に、障害問題の捉え方、つまり、「障害の個人モデル（医療モデル）」「障害の社会モデル／人権モデル」「障害の相互作用モデル」という3者それぞれの概念整理とより精緻なレベルでの相互の重なり具合の確認が必要であること（とりわけ、特別ニーズ教育が拠って立つ「障害の相互作用モデル」と国連障害者権利委員会が拠って立つ「障害の社会モデル／人権モデル」との有機的重ね合わせの可能性に関する理論的検討や、ICFモデルが内包する個人モデル中心性を超克する「障害の相互作用モデル」の理論的検討が必要であること）、第2に、「障害の相互作用モデル」と「障害の社会モデル／人権モデル」の有機的重ね合わせに基づいてインクルーシブ教育を推進しようとするときに、専門家主導のパターナリズムに陥ってしまうことなく個々の子どもの特別な教育的ニーズに応じることができるような「実践のさじ加減」に関する検討が必要であること、そして第3に、やはりインクルーシブ教育に向けては学級規模や教職員配置等の改善を含む通常学級・通常学校教育の改革が問題の根幹であることは間違いないのだが、とりわけ、日本の通常学級には、個々の子どもに応じた柔軟なカリキュラム修正ができないという極めて大きな障壁があり、その改善に向けた制度改革の検討が必要であること、などである。

　今回の眞城氏の論考の中に、特別ニーズ教育・インクルーシブ教育の研究領域において「理念・概念や制度設計の基盤・根拠となる学術的営みは残念ながら日本では脆弱である」との指摘があった。当然、本学会に参加している個々の研究者、実践家の間には障害問題へのスタンスの違いがあり、それはデリケートな面を含んでもいて、対話・議論が成立する部分と成立するのが難しい部分があることは承知の上であるが、筆者としては、本課題研究が呼び水となって、本学会内外で、スタンスの違いを超えて、特別ニーズ教育・インクルーシブ教育に関する本質的な学術的議論及び研究が一層活発化していくこと

を願ってやまないしだいである。

文献

荒川智「改めて『特別ニーズ教育』とは何か」『SNE ジャーナル』第 25 巻、2019、1-3。

荒川智「特別ニーズ教育とインクルーシブ教育」日本特別ニーズ教育学会 編『現代の特別ニーズ教育』文理閣、2020、24-32。

堤英俊『知的障害教育の場とグレーゾーンの子どもたち－インクルーシブ社会への教育学－』東京大学出版会、2019。

SNE ジャーナル，29(1)，2023，7－24

特　集

「特別の教育的ニーズ」（SEN）概念の再定義と SEN システム

窪島　務

（滋賀大学名誉教授・NPO 法人 SKC キッズカレッジ）

　「特別の教育的ニーズという用語は、個々の学習者の欠陥（deficits）を強調し続けることで、その有用性を失ってしまった」（Ainscow）というように、その有用性、意義が疑われている。これに対して Norwich は、「SEN という用語は、1970 年代後半に、障害カテゴリーから脱却するために導入された」と SEN 概念を擁護した。Warnock 自身も、SEN は多くの異なるニーズを「SEN」という単一の用語で括ってしまったと批判をしている。つまり、いろいろの差異を「SEN」という一言で覆い隠すことになった。フル・インクルージョニストからは、SEN は医学モデルと批判されるが、しかし、イタリアのインクルージョンは、医学的概念の否定の上にではなく、むしろ医学モデルの上に構築されている。医学モデルと社会モデルは実践の場では必ずしも対立関係にない。Hornby は、インクルージョンと特別教育を統合するために「統合的なインクルーシブ・スペシャル・エジュケーション」の理論を提起することになった。この構想の基礎には、システムとして再構成された SEN 概念が位置づく。再構成された SEN システムは、インクルーシブ特殊教育の権利論的基礎であり、根拠をなす。

キーワード

特別の教育的ニーズ　special educational needs（SEN）
付加的支援ニーズ　additional support needs
インクルージョン　inclusion
インクルーシブ・スペシャル・エジュケーション　inclusive special education

Ⅰ．「特別の教育的ニーズ」（special educational needs; SEN）概念は葬り去るべき概念か？

　筆者は，以前，SEN 概念の一定の揺らぎの存在と SEN はフレームワークとして捉えるべきことを論じた。フル・インクルージョン推進派は，「インクルーシブ教育には，一般的に障害を個人の欠陥として構築する special needs education パラダイムからの転換が必要である」[1] と主張する。SEN が「個人の欠陥」にとりつかれているという社会モデルの固定観念としての憑依的理解は，むしろ SEN を狭い視点に閉じ込める。Warnock 自身による Warnock 報告の 40 年後の自己批判的論文（Special Educational Needs: a New Look）は，注目の的となった[2]。Ainscow はこれを受け，「特別の教育的ニーズという用語は，個々の学習者の欠陥（deficits）を強調し続けることで，その有用性を失ってしまった」と述べ，棄却すべきであると主張した[3]。2008 年 11 月 8 日にロンドンで開かれた SEN 概念を巡る討論会で，SEN が有用性を失っているとする論者とそれに反対する論者がそれぞれ持論を展開した。Lamb は，「SEN は尊厳を持って死ぬことを許されるべき」であると述べた[4]。スコットランドの Williams は，「SEN というラベルそのものは，その有用性を失っており」，歴史上の概念である，と述べた。Williams の「進化的アプローチ」は，スコットランドでは，「additional support needs（付加的支援ニーズ）」は，すでに「additional needs」と短縮され，さらに「additional」も削除され，子どもには誰にでも「『ニーズ』がある」[5] という具合に，SEN は，「付加的支援ニーズ」を経て，誰もが持つ単なる「ニーズ」に進化する。つまり SEN 概念は消滅する。

　これに対して Norwich は，「SEN という用語は，障害カテゴリから脱却するために導入されたことを繰り返す価値がある」[6] と SEN 概念を擁護した。Warnock 報告の基本は，医学モデルから社会モデルへの転換を期するものであり，SEN 概念が医学モデルであり，賞味期限を過ぎているという批判は当てこすりに過ぎないと反論した[7]。

Ⅱ．Warnock の「特別の教育的ニーズ」(SEN) 概念の総括と再定位

1．Warnock (2005) の反省とイギリスの経験

　Warnock 以前に、はじめて SEN を提起したのは、Gulliford (1971) だと言われている[8]。1971 年の Guilford の著書で、Warnock 報告の主要な論点は網羅されているが、その影響力には大きな違いがあった。SEN 概念の吟味は、Warnock 報告 (1978) と Warnock (2005) の衝撃的なパンフレットおよび Warnock (2010)[9] とこれに対する Norwich (2010) の応答[10] からはじめることが妥当であろう。2005 年の Warnock の反省は、SEN 概念が、種類の点でも程度の点でも曖昧だったことにあった[11]。ウォーノックは「真の差異に目を向けないことは子どもたちのニーズに対応しようというすべての試みを台無しにしかねない」ともいう。特別の教育的ニーズという概念は、「それぞれニーズが大きく異なる子どもたちを、あたかもみんな『同じ』であるかのように、すなわち『特別の教育的ニーズ児』という一つのカテゴリーと見なす傾向」をもたらした」。この批判は今日の日本にもあてはまる。Warnock は、「特別のニーズを持つ子ども」が通常学校で教育を受ける権利を有しているかのように、十把一絡げにされる傾向が増大しているが、「通常学級では授業に参加できない子どもがいることを忘れてはならない」とインクルージョンにも批判的だった。

　今日の日本でも、最近、知能検査の数値によって、すなわち IQ80 ないし 85 以下は、知的支援学級の対象として半ば強制的に就学指導が行われている。IQ 値のみによって就学判定をするのは、医学モデルでさえない。実際、IQ の数値によって上記のような就学指導を行なっているのは、教育委員会および教育委員会所属の心理師である。実際に最も力を有しているのは、医学モデルでも、社会モデルでもなく、恣意的で官僚主義的な「行政モデル」である。

2．Norwich の論評と SEN 概念の再評価

　Norwich は、Warnock がインクルーシブ教育を「負の遺産」としてかなり辛辣に批判していることに対して、インクルーシブ教育の理念は重要である

ことを批判的に指摘しているが、その全体的論調は Warnock の擁護にあった。Norwich によると、労働党政権の時代の1900年代末から2000年代はじめまで、社会状況としてインクルージョン信奉者が SEN を医学モデルとして盛んに批判を繰り返し続けていた[12]。Warnock は、SEN は余りに一般的な用語になりすぎ、多くの異なるニーズを「SEN」という単一の用語で括ってしまったと批判をしているが、Norwich はこれに対しても、SEN の目的はもともと学習困難児のニーズを特定することにあった。Norwich にとって、SEN の概念が失敗であったのではなく、失敗は、SEN に対応する支援が常に提供される状況になかったことにある。それゆえ、Warnock の言うような失敗はなかった、と Norwich は Warnock を弁護する[8]。

　特別の教育的ニーズの導入は、障害カテゴリーの撤廃ではなく、「教育的遅滞」を「軽度学習困難」と言い換えたように、カテゴリーの置換であった。SEN は、総称としての上位カテゴリーであり、個々のニーズの特定と矛盾するものではなかったが、その関係は未解決である。Norwich（2010）は、特別の教育的ニーズは、個々のニーズに対応する付加的支援を意味するはずであったが、子どもの「困難」と同義語になってしまったと指摘する[13]。Norwichら（2014）は、特別の教育的ニーズの具体的なケースとしてイギリスの MLD 概念を実践レベルで、すなわち、MLD（軽度学習困難）が SpLD（特異的学習困難）や学力不振（lower attainment）とどういう関係にあるかを調査によって検討している[14]。それによると、「MLD は、特別の教育的ニーズ（Special Education Needs）の一つであり、このカテゴリーに分類される生徒の割合が高いにもかかわらず、イギリスの教育研究・開発では多くがネグレクトされてきた」。MLD は、学力不振とボーダーライン知的機能にまたがり、かつ特異的学習困難児の一部を含む曖昧な概念となっていた。SEN も MLD も、子どもの特別の教育的ニーズを特定する機能をはたし得ないものとなっていた。後に、特別の教育的ニーズの概念は、上位概念としてその下に11の障害カテゴリーを内包することになったが、その曖昧さに変わりはなかった。「MLD と認定された生徒が、低学力生徒の連続体の最下位に位置すると考えるのか、それとも軽度・中等度の知的障害を持つのか」、「SEN の境界線は何なのか、SEN をどのように定義するのか、つまり、教育において何が障害とみなされるのか」は

曖昧なままだった[15]。

　SEN を教育実践レベルで正統に位置づけるためには、一部のフル・インクルージョン論者によって引き起こされる医学モデルと社会モデルとの「不要な二極化」[16]、社会モデルの「二者択一シリーズ」、「ディクトノミー」には注意が必要である[17]。社会モデル批判では、障害を含む生物学的および精神的現実を否定することの結果が議論される。社会モデルでは障害のある人の生物学的性格と認知的性格が看過されるか、まれに分析で使用されるかである。また、障害のある子どもが、発達する存在であることが視野の外に置かれる。発達的障害（e.g., intellectual disabilities, autism, specific language impairment, specific learning disability）は、特殊教育の中心的関心事であるが、発達的障害の首尾一貫した理解は、内的構造の統合（遺伝的、解剖学的、生理学的）、機能的諸要因（認知的、行動的）および文脈的諸要因（自然環境、社会文化的文脈、政治）を含んでいる[18]。Shakespear によると、社会モデルの成功そのものが今やその主要な弱点である。それはシンプルなゆえに非常に強力なツールであり、障害者運動の中心であったが、批判を許さない神聖牛（a sacred cow）であるため、簡単に批判することができないイデオロギーになった。それゆえ「社会モデルは今やさらなる進歩への障壁になっている」[19]。

Ⅲ．インクルーシブ教育は、医学モデルと共存する

　Ianes et al.（2013）は、抽出指導（プルアウト）をミクロ・イクスクルージョンのリスキーな傾向とみているが、これが、障害から特別の教育的ニーズへの概念のより広い拡大に見ることができるとしている[20]。彼らはイタリアのインクルーシブ法制に医学志向が強く残っているとしている。つまり、イタリアのインクルージョンは、医学的概念の否定の上にではなく、むしろ逆に、医学モデルの上に構築されている。学校教育におけるインクルージョンについても、「2018 ～ 2019 年度イタリアの小中学校に在籍する障害のある児童生徒の総数はおよそ 177,000 人で、全児童生徒総数の 3.9％に相当した。これら障害のある児童生徒の 98.4％が医師による診断を受けている。法律 104 号（1992年）により、通常学級において支援を受けるためには、医師による診断書の

取得が義務付けられている」[21) 22)]。イタリアのインクルーシブ・スクールの法制度では、依然として医療的志向が目立っている。イタリアでは 2010 年以降、IEP によって他のカテゴリーの児童生徒を支援するための規則が承認された。最初は特定の学習障害を持つ児童生徒（法律 170/2010）であり、後にその他の特別の教育的ニーズ（SEN）を持つ児童生徒となった。これには、社会文化的に不利な立場にある生徒も含まれる[23) 24)]。イタリアのインクルーシブ教育においてプルアウトが広く行われていることは、インクルーシブ・スクールのシステム内に、ミクロな排斥プロセス（micro-exclusionary processes）という危険な傾向が存在することを示唆している。障害を持つ生徒の 55％が授業時間の一部を教室外で過ごし、40％が常に授業の中で、「わずか」6％が常に教室にいるという事実である。LD の生徒のおよそ 10％は、学校生活のかなりの時間を他の生徒と離れて過ごしていることが明らかにされた。こうした問題を合理化する必要性に迫られてか、最近、インクルーシブ教育を巡ってイタリアで導入された新しい論理構造は、イタリアのインクルーシブ教育は WHO の ICF（International Classification of Functioning, Disability and Health：国際生活機能分類、日本語訳―「国際生活機能分類－国際障害分類改訂版」－）に依拠しているという主張である。「ICF はこれらの 2 つの対立するモデル（医学モデルと社会モデル）の統合に基づいて、生活機能のさまざまな観点の統合をはかる上で、『生物・心理・社会的』アプローチを用いる」（WHO-ICF）とされている。これを教育の世界で端的に示しているのは、フル・インクルーシブ教育の先駆者と言われるイタリアで行われている障害児の診断と就学プロセスである。そこでは障害診断も就学手続きも完全に医学モデルによって行われている[25)]。ここでは、名目上の「すべての子どもを通常学級に」就学させるというフル・インクルーシブ教育政策と診断および就学手続きの医学モデルは完全に共存している。2010 年に成立した学習障害教育法の内容も、DSM-5 の特異的学習障害カテゴリーそのものである。この点では、内容上は医学的定義そのものでありながら文言上は LD は教育的概念であり、その教育に必ずしも医学的診断は必要ないとする文科省定義ははるかに教育的に見える。論者によって呼び名は異なるが、「生物―心理―社会モデル」（BPS）ないしは「生物―心理―社会―スピリチュアルモデル」も、実のところは「医学的カテゴリー」で

ある[26]。生物的観点のみの「医学モデル」など、医学領域においても今日では存在しない。医学モデルと教育モデルは必ずしも対立的、排他的関係にあるのではないことを、イタリアのインクルーシブ教育の現実が示している。そこでは、インクルーシブ教育の特別のサポートの必要性は、医学的診断に基づいていて、その制約を受けている。医学的診断がなければ、学校教育で特別のサポートを受けることはできない。SEN もこの意味では「生物─心理─社会モデル」に基づいて理解される。

Ⅳ．インクルーシブ・スペシャル・エジュケーションの提起と SEN 概念の再定位

1．インクルーシブ・スペシャル・エジュケーション

　インクルーシブ・スペシャル・エジュケーションというタームは、Hornby（2014）によれば[27]、もともとフィンランドの Takala ら（2009）が最初にフィンランドのニーズ教育を定式化したときに使用したとされる[28]。しかし、フィンランドの使用法は、22％のパートタイム教育と 8％のフルタイムのスペシャル・エジュケーションシステムを記述するためのものであった。そこから、Hornby は、一方の通常学級におけるインクルーシブ教育と、他方の特殊学級や特殊学校で行われている特殊教育を表示するより統合的なインクルーシブ・スペシャル・エジュケーションの理論を提起することになった[29]。こうした「新しい理論」が必要とされたのは、インクルーシブ教育とスペシャル・エジュケーションは、異なる哲学に基づいており、異なる根拠に基づいて発展し、SEND（特別の教育的ニーズと障害）のある子どもの教育へ異なるアプローチを行ってきたことによる、という。つまり、どちらにも解消できない運命にある。インクルーシブ・スペシャル・エジュケーションは、SEND のあるすべての子どもがそれぞれの国の教育システムの中で適切に教育されるべきであり、そして彼らの大多数はメインストリーム学校で教育されるという認識を含んでいる。そのためには、「学習の場のオプションの連続体」（a continuum of placement options）が必要である[30]。インクルージョンは連続体にそって存在する。そして実際には、その対極のフル・インクルージョンは、実際には、世

界中のどの国にも存在しない[31)32)]。

2. SEN は、単体の診断カテゴリーではなく、統合的システムであり、フレームワークである

　筆者は、早い時期に、SEN とは何かを論じて、「特別の教育的ニーズ」はそれだけが存在するのではなく、多軸的存在であることを論じた。すなわち、生活保障、労働保障、社会福祉の保障、コミュニケーション保障等々のそれぞれの特別のニーズがありそれらと並んで教育への特別のニーズがある。そしてこれらのニーズは、それぞれ年齢軸にしたがって発達課題への特別のニーズを構成する。これらは、一般的なニーズではなく、それぞれの領域で、個々の子どもに対して「付加的支援」を権利として求める「特別のニーズ」として確定される。それゆえ、「特別の教育的ニーズ」の概念にとって、「特別」の内容と「教育的」であることは重要であり、それぞれのニーズが、多少の幅を持ちつつも、個別的、具体的に「特定」されなければならない。さらに重要なことは、これらはそれぞれの領域での子どもと保護者の特別のニーズとしても記述され、相互作用的に連関している点である。ウォーノック以来、この概念が一般的で抽象的な単一のカテゴリーであるかのように扱われてきたことがこの概念の最大の弱点であった。まず、第一にこの点が、研究においても、実践においても克服されなければならない。

3. SEN 概念の再定義

　SEN は、医学的診断、心理・教育的アセスメント、必要な付加的支援と適切な教育、短期的長期的な教育的見通しなどの全体を含むシステム概念として再定義した上で使用することが重要である。SEN 概念は、医学モデル批判が曖昧な形で突き出すように医学的診断カテゴリーを否定したり、放棄したりすることを要求するものではない。ICFのように、いわば、医学的生物学的要因、心理教育的要因、様々なレベルの社会的要因と時間的展望を含む概念として再定義する。これを最も典型的に示しているのは、インクルージョンの先駆的モデルとして常に取り上げられるイタリアモデルである。既述のように、イタリアのインクルーシブ教育における医学的診断の位置づけと機能は注目して分析

する必要がある。そこでは、就学判定においても唯一医学的診断のみが有効で
あり、学校教育における障害児の就学も医学的診断の有無が決定的要因となっ
ている。さらには、発達障害および学習障害の医学的診断は、学校教育におい
て特別の教育スタッフの配置を保障しない。すなわち、合理的配慮の根拠をな
さない。その根拠はいわゆる発達障害が、古典的障害概念とは区別される状態
であるからで、それは OECD の統計的障害分類の A,B,C カテゴリーに対応し
て理解されていることによる。ともあれここでの重要な点は、診断のイタリア
モデルとでも言うべき医学的診断カテゴリーの使用方法であり、インクルーシ
ブ教育において、医学的診断カテゴリーを否定するのでなく、積極的に採用さ
れているという事実である。すなわち、SEN 概念は、広義の WHO の ICF の
ような医学的診断（カテゴリー）に基づいてその後の展開がある。その意味で
は、すべてではないが、医学的診断（カテゴリー）がなければ、SEN 概念の
その後の展開は存在しない。インクルージョンのイタリアモデルは、社会モデ
ルの典型であるだけでなく、医学モデルの典型でもあることを明らかにしてい
る点で重要である。SEN をシステムとしてみたとき、フル・インクルーシブ
教育でさえ、現実的には医学的カテゴリー、医学モデルを排除することはでき
ないという事実である。もちろん、その医学的カテゴリーが何であるかにもよ
るが、常に医学的カテゴリーに依拠するわけではない。日本では、教育におい
ては多くの場合、医学的診断を必ずしも必要としない。また、医学的診断で教
育内容や方法が決まるものではなく、教育的診断こそ重要である。

4. SEN から ICF および「生物―心理―社会的パラダイム」への転換

　SEN 生徒のインクルージョンを保障するために ICF モデルを採用する意図
は、SEN のマクロカテゴリーを医学的パラダイムからだけでなく、生物―心
理―社会的パラダイムから考察するという、多くのイタリアの学者の認識論的
転換を反映している[28]（D'Alessio, 2014）。これは「転換」であるが、ICF およ
び生物―心理―社会的パラダイムは残念ながら、医学的カテゴリーの一つで
ある。同時に、それは SEN 概念の再確認でもある。ICF モデルは、人の個人
的な機能と、その対象者が生活している環境とを交差させる[33]。このモデル
の限界を指摘する声もある。SEN 識別プロセスの出発点は依然として生徒の

身体的認知的機能であり、標準化された規範からの逸脱だからである[34]。社会モデルではいっさいの生物学的要因を排除しようという欲求は拭い去れない。ICF における「生物学的要因」でさえ、結局のところ、個々の子どもの特別の教育的ニーズを認めることになり、そこから何らかの「付加的」な特別の教育的支援方策に行き着かざるを得ないからである。ここに、フル・インクルージョン派の、負の無限ループが存在する。Ianes et al.（2020）は、「イタリアの経験は、障害関連の問題をめぐる一連の矛盾を示している」とし、「このモデルは、一方で人権アプローチと、障害のある生徒の生活的な機能を考慮に入れた障害の生物―心理―社会的モデル（ICF）に向かっている」と述べている[35]。さらには、障害識別は、依然として医学的であり、主に医学的診断に基づく SEN カテゴリーの拡大は、追加的リソースの割り当てを正当化するために、スティグマ化と排除の現象を増幅するリスクがある」、すなわち、付加的な特別ニーズ教育が広まるリスクがある、と指摘している。「SEN 概念は子どもの欠陥に焦点化している」という批判も[36]、同じように SEN 概念を単体の障害カテゴリーと同様に捉えている点でまさに同一次元の問題を抱えている。システムとして全体的に捉えるときには、SEN 概念を構造的に理解する必要がある。WHO の ICF はその一つの基礎となる。「洗練された多次元カテゴリーシステム」としての ICF のフレームワークは、「障害の医学的および社会的モデルを統合し、障害と、さまざまな社会的文脈での活動および参加に影響を与える他の個人的および社会的要因とを区別するものであった」[37]。ICF はこれらの 2 つの対立するモデル（社会モデルと医学モデル）の統合に基づいており、生活機能のさまざまな観点の統合をはかる上で、「生物・心理・社会」アプローチが活用される。

　SEN が、狭く子どものニーズと想念されることによって診断名と混同されたり、逆に解釈が拡散しその有効性が失われたりした。SEN は、診断次元で捉えられるものではなく、アセスメント―診断―（治療）・教育指導―必要な条件整備―合理的配慮―人格の発達―社会参加の保障（社会的インクルージョン）という一連の関係構造と一体のものとして理解され、概念化されることが重要である。SEN システムは、必要な場合には医学的診断を含みつつ、心理的発達的アセスメントに基づいて、個々の子どもの主体的発達から発する教育

学的展望を構成する。その意味で、SEN システムは、インクルーシブ特殊教育の基礎であり、根拠をなす。SEN システムは、〈生物―心理―社会モデル〉という医学的概念の必要性と再定位を必要とする。杉本（2021）は、ICF は医学領域概念でありながら、このモデルが有効なのは教育と臨床の一場面であろうという[38]。とはいえ、ICF は SEN の代替カテゴリーにはなりえない。それゆえ、ICF は、生物学的要因だけでなく、心理的、社会的要因も含んで構成されているが、あくまでそれは「医学的カテゴリー」である。また、ICF に「心理的要因」に教育的価値につながる発達的観点、主体の自己教育的要因がどの程度内包されているかは議論のあるところである。しかし、確実に、ICF は SEN の基礎概念の一つであることに疑いはない。その上で、SEN 概念は、子どもの発達的見通しにたって、発達的必要を、教育条件を含めて教育ニーズとして措定し、実践を通じて確認（実証）し、さらに新たな教育的ニーズを開拓する。SEN システムは、IEP（個別の教育計画）を構成し、実践の指針とする。SEN システムはニーズ（要求・欲求・欠乏）から発する教育権・発達権の根拠となり、ニーズに応える支援システムを実現する政治を求める。何よりも、個々の子どもの発達要求から、教育学的認識にもとづいて、インクルーシブ特殊教育の観点で、個別および集団的ニーズに基づく教育内容と教育方法を、抽象的一般的にではなく具体的に構想することを可能とする。

V．〈医学モデル vs 社会モデル〉という陳腐な対立図式の克服

　実践と臨床の場では、〈医学モデル vs 社会モデル〉などという陳腐なお決まりの図式は何の意味もなく、教育的、実践的には有害なだけである。そもそも、医学的診断カテゴリーそのものの中で様々な、いわば医学モデルと社会モデルの矛盾、対立、混乱がある。医学領域の混乱は、医学領域の内部で解決されることが期待される。たとえば、DSM-5 では、特異的学習障害（SLD）の診断には、ウイスクの数値や知能―学力のディスクレパンシーモデルを使用しないことになっているが、この基準に従っている医学的診断レポートを未だかってみたことがない。また、DSM は知的能力の 3 段階、SLD や ASD の程度を 3 段階で表記すべきとしているが、そういう診断書も見たことがない。ま

た、SLD など発達障害はスペクトラム（連続体）であり、カットオフ基準は
存在しないことを現代の学問研究は共通認識としているが、多くの医学的診断
ツールが、－2SD とか、－1.5SD とかのカットオフ基準を設定している。これ
は、医学モデルの是非の問題ではなく、医学領域の研究と臨床研究の科学性
（実証的、概念的分析）の問題である。

Ⅵ．「付加的支援」の全体としての SEN システムの具体像

1. ASN（付加的支援ニーズ）は SEN（特別の教育的ニーズ）の代案たり 得るか？

　SEN 概念を単体の子どものニーズとしてではなく、子どもの「特別の教育
的ニーズ」に応える「付加的支援」システムと捉えて、日本の現状を考える
と、いくつかの重要な点が浮かび上がってくる。前述の SEN の単一カテゴリ
的理解が広まってその問題点があらわになった、という時点で、それは SEN
概念そのものの問題ではなく支援方策を実施する政策の欠陥であるという
Norwich の弁明にもかかわらず一定の意味はある。すなわち、子どものニーズ
からニーズに対する支援システムへの視点の移動である。SEN のシステム的
理解の優位性は、子どもの特別のニーズと支援システムの双方を強調し統合す
る点を共に明確にするところにある。この点で、〈ASN ＝ SEN システム〉で
あるとすることは可能である。

　特別の教育的ニーズと障害（SEND）のある子どもたちの効果的インクルー
ジョンは、「子どもたちのニーズの正確な評価、学校職員の効果的な訓練、多
種多様な資源の利用可能性」に依存している[39]。つまり、ニーズの測定と評
価、教師および教師以外の追加的人材、諸資源の提供にかかっている。ニーズ
の測定と評価は医学的、心理学的、教育的な個別的アセスメントであるが、通
常学級の中でのインクルーシブ授業では、集団的ニーズ（発達課題）の評価も
重要になる。SEN システムはこれら相互の結節点の構造である。

　就学相談の場で、教育委員会の相談員あるいは心理相談員は、保護者に対し
て「通級指導教室、支援学級、支援学校というものがあり、そこでは一人ひ
とりの子どものニーズに応じた丁寧な指導が専門の教師によって提供される

云々」という説明が行われる。現行システムは、そういうナラティブに何の担保もなく、教育委員会や心理士はそのナラティブの結果に何の責任もとらないというシステムであるという事実がある。日本の IEP についても同様である。米国の IEP は子どもと親の教育権に対する担保である。日本の IEP に、子どもの権利や親の権利の保障という視点は全くない。つまり、教師が時間と労力を注いで書く大部の IEP という文書は、書かれたら役割が終わる。特別の教育的ニーズは、通常学級における学習と指導の可能性と具体的方策の有り様に対する指針でもある。それは、特別の教育的ニーズのある個々の子どもに対する、「合理的配慮」を含む教育方策に対するニーズのシステムである。ところが、現在の大きな現実的危険性は、特別の教育的指針の存在が医学的、心理学的に確認されるとそれだけで「排斥メカニズム」が始動し始めることである。教師の態度ではなく、通常学級の条件整備を行わないことにしている教育政策に根本的問題がある。SEN は、教育内容だけでなく、実際の教育指導を行なう追加的教員の配置に対するニーズとしても具体化される。すなわち、インクルーシブ教育の実施にかかるすべての支援方策の根拠として、出発点に特別の教育的ニーズシステムは位置づく[40]。SEN を否定するならば、実践的にはインクルーシブ教育も特殊教育もそもそも成り立ち得ない。

2.　SEN 概念と「人権モデル」

　国連障害者権利委員会の「人権モデル」の理解と使用法については、窪島が詳細に論じている[41]。人権モデルにも様々な変種があり、それゆえ「人権モデル」を論じる際には、その内容を特定してから論じなければならない。ここでの議論は、障害者権利委員会の「人権モデル」であり、それに連なる社会モデルの「人権モデル」である。障害者権利委員会の「人権」概念の特徴は二つに集約される。第一は、障害者の「教育への権利」（権利条約の立場）ではなく、「インクルーシブ教育への権利」（権利委員会の立場）の主張である。第二は、インクルーシブ教育への権利は、「子どもだけの権利」であり、他の誰の権利でもないというフレーズによって、親の権利を否定することにある。親の権利の否定の直接のターゲットは、「親の選択権の否定」である。親の選択権とは、特別の教育的ニーズに対する複数の多様な支援方策の連続帯の中から自

由に選択する権利である。多様な複数の選択肢が用意されていないならば、選択権は絵に描いた餅になる。障害者権利委員会および同類の社会モデル、人権モデルは、明示的に「誤解」の余地なく「親の選択権」を否定する。人権モデルは、その優位性と共に、その明快さとシンプルさによって、「インクルーシブ・スペシャル・エジュケーションだけでなく、インクルーシブ教育にも、破壊的に作用する概念装置となる。教育的価値を否定する「人権モデル」ではなく、子どもの発達ニーズを内包する本来の教育的「人権モデル」の展開が求められる。すなわち、新しい人権モデルとしての「教育人権モデル」に基づくSEN システムの構築である。

Ⅶ．日本の学校教育のインクルージョン的変革の課題

1. 文科省型「インクルーシブ教育システム」構想のまやかしと研究の課題

　窪島（2023）は、文科省が日本においてインクルーシブ教育を実現する課題を「特別支援教育を促進する」ことにすり替えてその施策を行っていることを指摘している[42]。それは、インクルーシブ教育の根幹である通常学級のインクルーシブ的改革を放棄するという宣言でもあった。つまり、通常学級の非（反）インクルーシブ教育的性格は放置されるのみならず、教育内容の画一化と教育指導の形式化を進め、さらに発達障害児の自・情特別支援学級への転籍の強要による通常学級の「浄化作用」的対応が行われている。こうしてインクルーシブ教育を進めるといううたい文句にもかかわらず、実際には通級指導教室という部分的な対応以外には通常学級のインクルーシブ的転換の前提条件の構築が手付かずのままに放置された。2023 年 3 月 13 日の文科省通知（「通常の学級に在籍する障害のある児童生徒への支援に係る方策について（通知)」）も、これまでの方策を確認したに過ぎない。それにもかかわらず、あたかも通常学級においてインクルーシブ教育が可能であるかのようなインクルーシブ教育研究がまかり通り、結果的に文科省のインクルーシブ教育の無策を免罪する機能を果たしている。こうした中では、教育論的な政策の転換を求める研究が重要になる。

2. 通常学級のインクルーシブ的改革と特殊教育の統合的構想

　その際、カリキュラム内容の改変を中心とする教育指導の専門性を必要とする「特別の教育的ニーズ」とカリキュラム内容の変更を基本的に含まない「合理的配慮」で対応する一般的「教育的ニーズ」(あるいは、単なる「ニーズ」)の区別がおのずと生じてくる。「特別の」と「教育的」という限定を棄却した単なる「ニーズ」は、通常の一般的差異であり、フル・インクルージョンの用語である。特別の教育の場と指導方法を基本的内容とするスペシャル・エジュケーションを核として通常学級とのブリッジを構成する必要性がある。それは、子どもの教育的ニーズに応える教育の構想である点で共通性を確保しつつも、「特別の教育の場と特別の教育内容」を基軸として構想されるインクルーシブなスペシャル・エジュケーションという特別の差異を支援方策の連続帯で柔軟に構成する。窪島 (2020) は、学校教育の中心的課題は教育内容（カリキュラム）の修正と柔軟化にあることを明確にした上で、通常学級における特別の教育的ニーズに対応する教育モデルと特別学校のインクルーシブ教育の統合モデルを提示している[43]。日本の通常学級のカリキュラム上の最大の問題点は、日常的に通常学級に在籍する約14％のボーダーライン知的機能（境界線）の子どもたちの学習ニーズをまったく無視して画一的なカリキュラムを強制していることである。この子どもたちに、通常学級内の「内的多様化」(innere Differenzierung) として部分的に通常とは異なる教育内容を用意し、教員の人的配置を含めて子どもの教育的ニーズに応じた指導を行うならば、宮内の『ケーキの切れない非行少年たち』[44] が提起した3年生の学力の壁を、個別認知機能の訓練的教育の「コグトレ」によってではなく、子ども・青年の主体的な人格発達を基軸とする指導によって乗り越え、青年期に向けて新たな人格形成を展望することができる可能性が生まれる。特別支援学級についても、同様の論理に基づいて、通常学級の「内的多様化」として、相対的に自律的な学習グループを組織することが可能となる。集団論も、学習集団と生活集団および労働集団という質的に異なる複数の集団（田中昌人）を区別した構想が重要となる。これによって、文科省が「インクルーシブ教育を実現するために、特別支援教育を推進する」というレトリックによって回避した通常学級教育のインクルーシブ的改変に正面から取り組む糸口が開かれる。ここでは、ボーダーラ

イン知的機能および軽度知的障害という心理学的カテゴリーは、廃棄されるのではなく、適切な教育的カテゴリーに変更された上で、通常学級における共通性と差違性の保障によって持続可能な真の多様性として確保される。

文献

1) D'Alessio, (2013): Inclusive education in Italy: a reply to Giangreco, Doyle and Suter. Life Span and Disability XVI, 1 (2013), 95-120

2) Warnock, M. (2005): Special Educational Needs: a New Look. Continuum

3) Ainscow, M.: The Warnock Report: a catalyst for global change? 13. Ainscow-1540391987517.pdf (wiley.com)

4) Lamb, B. (2009): The SEN framework is no longer fit for purpose?, SEN Policy Options Group: Special Educational Needs has outlived its usefulness: a debate. Journal of Research in Special Educational Needs · 9(3). · 2009 199-217. doi: 10.1111/j.1471-3802.2009.01136.x

5) Williams, T. (2009): A label whose time has gone. Special Educational Needs has outlived its usefulness: a debate Journal of Research in Special Educational Needs · 9 (3). · 2009 199-217. doi: 10.1111/j.1471-3802.2009.01136.x

6) Norwich, B. (2009): Has special educational needs outlived its usefulness? Journal of Research in Special Educational Needs. 9(3). 199-217. doi: 10.1111/j.1471-3802.2009.01136.x

7) Norwich, B. (2009): Has special educational needs outlived its usefulness?

8) Gulliford, R. (1971): Special Educational Needs. Routledge & Kegan Paul

9) Warnock, M. (2010): Special Educational Needs: A New Look, in; Mary Warnock and Brahm Norwich: Educational Needs A New Look. Continuum

10) Norwich, B. (2010): A Response to Special Educational Needs: A New Look. in; Mary Warnock and Brahm Norwich: Educational Needs A New Look. Continuum

11) Warnock, M. (2010): Special Educational Needs: A New Look.

12) Norwich, B. (2010): A Response to Special Educational Needs: A New Look.

13) Norwich, B. (2010): A Response to Special Educational Needs: A New Look.

14) Norwich, B. and Eaton, A. (2014): The new special educational needs (SEN) legislation in England and implications for services for children and young people with social, emotional and behavioural difficulties, Emotional and Behavioural Difficulties, DOI:10.1080/13632752.2014.989056

15) Norwich, B. and Eaton, A. (2014): The new special educational needs (SEN) legislation in England and implications for services for children and young people with social, emotional and behavioural difficulties.

16）Norwich, B.（2010）: A Response to Special Educational Needs: A New Look.

17）Shakespeare, T.（2002）: The social model of disability: an outdated ideology? Research in Social Science and Disability. Volume 2, pp. 9-28

18）Shakespeare, T.（2002）: The social model of disability: an outdated ideology?

19）Shakespeare, T.（2010）: The social model of disability. Edited by Lennard J. Davis :The Disability Studies Reader Routledge. 266-73

20）Ianes, D., Zambotti, F. and Demo, H.（2013）: Light and shadows in the inclusive Italian school system: a reply to Giangreco, Doyle & Suter（2012）. Life Span and Disability XVI, 1（2013）, 57-81

21）橋本鈴世（2021）: イタリアにおけるインクルーシブ教育―現状と課題―、小児保健研究　第 80 巻第 3 号、307-311

22）Ferri, D（2017）: Inclusive Education in Italy: A Legal Appraisal 10 Year after the Signature of the UN Convention on the Rights of Persons with Disabilities. Ricerche di Pedagogia e Didattica – Journal of Theories and Research in Education 12, 2（2017）.

23）Ministerial Directive of 27 December 2012; and Ministerial Circular no. 8 of 6 March 2013

24）Giangreco, M. F., M. B. Doyle, and J. C. Suter. 2012. "Demographic and Personnel Service Delivery Data: Implications for Including Students with Disabilities in Italian Schools." Life Span and Disability: An Interdisciplinary Journal 15: 97-123.

25）橋本鈴世（2021）: イタリアにおけるインクルーシブ教育―現状と課題―、小児保健研究　第 80 巻第 3 号、307-311

26）杉本光衣（2021）: 精神医療における「生物・心理・社会モデル」新進研究者 Research Notes 4

27）Takala, M., Pirttimaa, R. and Törmänen, M.（200）: Inclusive special education: the role of special education teachers in Finland. British Journal of Special Education. 36（3）. 162-173

28）Hornby, G.（2014）: Inclusive Special Education: Evidence-based Practices for Children with Special Needs and Disabilities. Springer

29）Hornby, G.（2015）:Inclusive special education: development of a new theory for the education of children with special educational needs and disabilities. British Journal of Special Education.

30）Hornby, G.（2014）: Inclusive Special Education: Evidence-based Practices for Children with Special Needs and Disabilities. Springer

31）Anastasioua, D., Kauffman, J.M. and Di Nuovoc, S.（2015）: Inclusive education in Italy: description and reflections on full inclusion. European Journal of Special Needs

Education, http://dx.doi.org/10.1080/08856257.2015.1060075

32）Anastasiou, D. and Kauffman, J.M.（2013）: The Social Model of Disability: Dichotomy between Impairment and Disability. Journal of Medicine and Philosophy, 38: 441-459, doi:10.1093/jmp/jht026

33）D'Alessio, S.（2018）. Inclusion in Italy: How supposedly inclusive policies fail. Toronto, ON: National Inclusive Education Month, Inclusive Education Canada.

34）Migliarini, V., D'Alessio, S. & Bocci, F.（2020）: SEN Policies and migrant children in Italian schools: micro-exclusions through discourses of equality, Discourse: Studies in the Cultural Politics of Education, Volume 41, 887-900

35）Ianes, D., Demo, H., Dell'Anna, S.（2020）: Inclusive education in Italy: Historical steps, positive developments, and challenges. Prospects. 249-263

36）D'Alessio, S.（2018）. Inclusion in Italy: How supposedly inclusive policies fail. Toronto, ON: National Inclusive Education Month, Inclusive Education Canada. Sense Publishers Rotterdam

37）Ylonen, A. & Norwich, B.（2012）: Using Lesson Study to develop teaching approaches for secondary school pupils with moderate learning difficulties: teachers' concepts, attitudes and pedagogic strategies, European Journal of Special Needs Education, 27:3, 301-317

38）杉本光衣（2021）: 精神医療における「生物・心理・社会モデル」新進研究者 Research Notes 4

39）Devecchi, C., Dettori, F., Doveston, M., Sedgwick, P. & Jament, J.（2012）: Inclusive classrooms in Italy and England: the role of support teachers and teaching assistants, European Journal of Special Needs Education, 27: 2, 171-184

40）Lindsay, G., Wedell, K. and Dockrell, J.（2020）Warnock 40 Years on: The Development of Special Educational Needs Since the Warnock Report and Implications for the Future. Front. Educ. 4:164. 1-20. doi: 10.3389/feduc.2019.00164

41）窪島務（2023）: 障害者権利委員会「勧告」とインクルージョンの国際的議論の動向　日本の科学者　2023 年 9 月号　印刷中

42）窪島務（2023）: 日本におけるインクルージョンの現実と障害児教育の再構築　雑誌教育 2023 年 6 月号　5-14

43）窪島務（2020）インクルージョン時代の障害児教育再考(1)特別教育の根拠としての特別教育ニーズ（SEN）論　滋賀大学教育学部紀要教育科学 70 号 173-187

44）宮内幸治（2019）: ケーキの切れない非行少年たち　新潮新書

SNE ジャーナル，29(1)，2023．25-45

特　集

国連障害者権利委員会勧告（総括所見）と
特別ニーズ教育・インクルーシブ教育研究の課題

眞城　知己

（関西学院大学）

　本稿では、特別な教育的ニーズ概念とインクルーシブ教育が動的性質で常にプロセスを表すという概念理解をふまえながら障害者権利委員会（CRPD）からの勧告（総括所見）の特徴と今後の特別ニーズ教育研究及びインクルーシブ教育研究の課題について述べた。日本政府に対する障害者権利委員会勧告で「分離された特別支援教育をやめるように勧告された」との報道もあったが、サラマンカ宣言以降の国連は一貫して一定の条件のもとでの特別学校の必要性を認めており、今回の日本政府への勧告も含めて全廃を求めたことはない。障害者権利委員会から示された懸念は、特別支援学校・学級が存在すること自体を問題視したのではないし、まして全廃を求めたのではない。CRPD が懸念を示した理由は、日本政府が通常学校・学級の役割と責任の拡大に必要な教育制度の抜本的見直しに着手しようしなかったことに対してである。学校教育制度において障害のある児童生徒に対する教育機会を主に通常学級以外の場で提供する特別支援教育を拡大させるやり方を永続化しようとしている点が懸念事項として指摘され、その方向性を止めるよう勧告されたのである。国連が求めているのは、通常学校制度の改善・開発、具体的には日本の学校教育制度においてインクルーシブ教育の考え方の本質を制度の核に明確に位置づけた上で多様な学習機会を保障することである。学術的課題としては、インクルーシブ教育を暗黙是とすることなく、その発展可能性と限界の議論をすべきこと、またその過程において対立すれども相互に排除しない議論を重ねて多様性を包含する学校教育制度の具体像を描き、理論と学術的根拠を提供できるようにすることである。

キーワード

障害者権利委員会総括所見　UNCRPD Concluding Observations
特別な教育的ニーズ概念　Concept of Special Educational Needs
インクルーシブ教育　Inclusive Education

Ⅰ．はじめに

　Slee and Tait（2022）[31] は、インクルーシブ教育における倫理的課題、特に「権利」にかかわる本質的問題をいくつか取り上げている。障害者権利条約では当然のことながら障害のある人の権利保障のために各国での適切な制度の整備や実施を求めているが、権利保障の具体的方法や利害関係の対立をめぐる問題は必ずしも十分な議論がなされていないし、実施上の問題はほとんど未解決といって良い状態であることを浮かび上がらせている。

　例として、オーストラリアのニューサウスウェールズ州において、ADHDを有する生徒が同級生や教師に対する繰り返しの暴力的行為を理由に退学処分とされたことに対して、本人と保護者がオーストラリア障害差別禁止法（1992）の定めに抵触するとして起こした訴訟（2003）が取り上げられている[31]。この裁判では、高等裁判所によって学校の判断は障害差別禁止法に照らして問題のある対応ではないとの判決が下されている。学校が行ったのは「障害」を理由にした退学処分ではなく、当該生徒の同級生や教師に対する「暴力行為」に対するものであるということが判決理由であった。

　他者への攻撃的（時に暴力的）行動は、当該生徒の障害特性に起因する顕著な心理的混乱の現れであるし、それに対する特別な教育的対応を用意するのが学校の役割と責任であることはいうまでもない。そして、特に行動面での顕著な障害特性を有する個人の行動変容や行動形成に応用行動分析学や認知行動療法等のアプローチが各国の文化的条件を背景にして大きな成果を収めてきたことは世界的に共通認識されており、それを効果的に学校において提供できるようにするための取り組みも徐々に拡大している。しかしながら、こうした効果の高い指導方法があっても、環境変数の統制が特に難しい場合や周囲に人がいるだけで混乱を生じて攻撃的行動の頻度と程度が極めて顕著な場合などには、即時的な効果を得ることは難しい。このような行動特性の緩和のためには環境刺激の統制が十分に行われている条件の下での行動形成・変容から開始して、環境との相互作用を慎重に評価しながら最終目標とする環境での行動が可能となるまでに長い時間を要する場合も少なくない。本人の行動変容と周囲の環境

調整とのバランスをとりながら進めていくのに相当の時間と手続きがとられる過程が不可欠なのである。その過程では、望まれる行動とは異なる行動が現れてしまうことは幾度もあるし、そのために他の生徒や教師の落ち着いた環境での学習や指導が難しくなる場面も生じうる。そして、支援は当該生徒の家庭を含めて行わなければ維持できないため、実践には家庭支援が絶対不可欠である。すなわち、学校制度、特に教師だけで対応するのではなく他の専門職が学校とともに対等な関係性のもとで携わりながら、地域においてその家庭を支える仕組みが必要である（井上，2017）[14]。

　上記のオーストラリアの裁判例は、「障害」を理由にした排除（exclusion）ではなく、あくまでも暴力的行為によって同級生や教師の権利（安全に学習する権利や安全に指導する権利）が侵害されていることに対して判断がなされたものであるが、障害に起因する、あるいは密接に関わる行動が他者の学習権を侵襲する場合には通常学級への参加制限はやむを得ないとの判例が先例となることへの危惧は必然的に生じる。こうした問題に対して、通常学級の「受け入れ」が不十分であると指摘するのはたやすいが、上述したように強度行動障害のある人の場合には、いきなり最終目標とする環境に放り込むような手続きでは、統制できない環境刺激によってむしろ攻撃的行動の激しさが増す原因にもなってしまう。

　この裁判例にあるような問題は、誰の権利が優先されるべきかという議論としても扱われる。Slee and Tait（2022）[31] は、権利の主体は、教育省にも学校にも、教師にも、他の生徒にもあると述べて権利バランスの難しさを指摘しているし、Tomlinson（2017）[32] も社会学の視点から多角的に権利をめぐる問題を論じている。

　ただし、この問題はマジョリティ性を有する側の権利とマイノリティ性を有する側の権利のいずれが優先されるべきかという議論にならないようにしなければならない。それは、マイノリティ性を有する側が置かれている圧倒的に強固で固定的不利状況がマジョリティ性を有する側に認識されるのが難しいという現象が存在するからである。

　障害のある子どもが通常学校で特別な教育的対応を用意されていることに対して、周囲の子どもから「私だって学習や学校生活で困っていることがあるの

に障害のあるあの子だけ手厚い対応が用意されるのは逆差別だ」というような意識がもたれたりしやすいのは、出口（2021）[9] がいう「マジョリティに特権がみえない」ことが背景にある（特定属性保有者と他者との間に生じる権利葛藤の課題については別稿に譲る）。実際、オーストラリアで ASD のある生徒に対するいじめが他の生徒の3倍以上にもなるとの報告（Anderson, 2014）[3] もあり、特に行動障害のある生徒の学校における権利侵害が生じやすいことが知られている。

　このような問題が生じるのは、既存の学校制度や学校におけるマジョリティ集団が「標準（スタンダード）」とされ、そこに障害のある子どもや外国ルーツといったマイノリティ性を有する子どもを「受け入れる」という発想が根強く、そもそもの学校の標準を改めることへの意識がきわめて脆弱であるためである。

　「（法改正がなければ）現行制度下では変更することは難しい」という表現がなされる時に、実はその背景にマジョリティ性を有する側に「変更する必要がない」、あるいは「変更しなくても良い」という意識が潜在している可能性は、出口（2021）[9] の「差別に関してマジョリティ性を多くもつ優位集団の人たちが『自分は変わる必要がない』と考えているということは、裏を返せば『マイノリティが変わればいい』と考えているのと同じことになる（p.169）」という指摘にあるように、決してまれなことではないはずである。それほどにインクルーシブ教育の考え方が求める学校（制度）改善、学校（制度）開発の実現には、マジョリティによる「普通」や「標準」から特権的に得られている優位性への無自覚の問題を顕在化させながら進めなければならない壁がある。

　さて、障害者権利委員会による勧告（総括所見）は、障害者権利条約批准各国における具体的な権利保障の進展状況と課題の明確化を通じて、各国における障害者の権利保障の実質化をより効果的に推進しようとするためのものである。

　したがって、障害者権利条約の各条項に関連づけながら課題・懸念点の指摘等がなされるが、各国における他の属性特定に関わる権利保障との関係を厳密にふまえた検討には限界がある。これはやむを得ない面もある。また、各国の障害者関連団体は、パラレルレポートを障害者権利委員会に提出することのほ

か、会議の際のロビー活動などが公に認められている。当事者の視点からの現状の問題点の指摘や懸念事項を伝えることで、障害者権利委員会は各国政府による説明だけで取組状況を判断することなく、様々な情報を総合的に判断しながら各国への総括所見をまとめるようになっている。2022 年 8 月の障害者権利委員会で日本について検討する会議の際に、スイスの会場に 100 名を超える日本からの当事者・関係者が集い、熱心に活動していたことが報じられていた。なお、当事者団体からの指摘において意図的に特定の内容が強調されたり、事象の背景が省略されると権利委員会で不正確な理解がなされる場合があることは、これまでに国連が採択してきた様々な権利保障に関わる条約や宣言の履行状況に対する総括所見をめぐってよく知られてきたことであるので、総括所見を理解するためには関連するパラレルレポートの内容や、委員会の議論の詳細をふまえることが大切である。もちろん、当事者団体の活動に問題があるわけではなく、不足する情報を補い、当事者の受け止めを伝える貴重な役割を持つ。

　本稿では、特別な教育的ニーズ概念の相互作用モデルやインクルーシブ教育がともに常にプロセスであるという動的性質を有する概念であることを理解した上で、障害者権利委員会からの勧告（総括所見）の特徴と今後の特別ニーズ教育研究及びインクルーシブ教育研究の課題について論じる。

Ⅱ．特別な教育的ニーズ（相互作用モデル）概念とインクルーシブ教育

　インクルーシブ教育の定義が世界中で統一できないのは、各国における教育制度の相違がインクルーシブ教育の具体的制度化に直接的に影響を与えているためである（眞城，2021)[27]。特に基礎教育制度の整備状況や就学率などは、その国や地域におけるインクルーシブ教育の具体に直接的な影響を与える。

　インクルーシブ教育をめぐっては、いまだに従来のインテグレーション概念とほぼ同義の内容で説明している論も少なくないし、障害のある人に限定したものから、様々な多様性を包含する定義まで千差万別である。Ainscow ら（2006)[2] は、こうした様々な定義を俯瞰して 5 つの視点に整理しているが、このようにインクルーシブ教育のとらえ方は統一することが困難である。眞城

(2011b)[26] は、2000 年代初めまでの各国におけるインクルーシブ教育の定義を集約し、「教育的ニーズの多様性を包含する範囲を拡大するプロセス（p.3）」と共通要素をまとめた定義を示している。特徴は、結果として個人が包含されるものの、端的な包含対象は個人ではなく「教育的ニーズ」であり、教育における多様な属性の包含過程であることが表現されている点である。

　さて、国連におけるインクルーシブ教育の考え方には、その基盤に特別な教育的ニーズ概念の特徴が密接に関わっている。障害のある子どもにどのような教育を提供するかを考える際に、20 世紀中葉までのような子ども自身の障害にどのような医学的な欠陥（defect）や心理学的な問題があるのかを特定して対応を導く考え方に変えて、子ども自身の障害と子どもの学習環境の組み合わせ（combination）によってそれを導くべきであるとの原理にもとづいて Gulliford（1971）[12] によって提案されたのが「特別な教育的ニーズ」概念である。同概念は、その後いわゆるウォーノック報告（1978）によって、子どもが必要とする教育を導くため、障害だけでなくあらゆる要因を勘案することができるようにするためにこの用語を導入することが明確化され、イギリスでは 1981 年教育法によって教育制度に位置づけられることとなった。

　なお、「特別な教育的ニーズ」という用語における「特別な」の部分が意味しているのは、ウォーノック報告や 1981 年教育法における同概念の考え方、すなわち通常の教育的対応に付加した対応、または通常の教育的対応とは異なる対応を必要としている状態（真城，2003）[24] のことである。日本ではこの概念が紹介された当時を中心に、「特別な」という部分について辞書的な意味合いや日常的に用いられる「特別」の用法を引き合いに出して様々な言説がなされたために誤解や派生的な議論も多かったが、この用語は「特別な教育的ニーズ」で一つの用語であって、語中の部分要素は限定的意味で使われるので、構成部分に切り出して論じるのは適切ではない。合理的配慮の用語に「配慮」という意味はまったく存在しないので「配慮」を部分抽出した解釈が誤っているのと同様である。

　子どもの特別な教育的ニーズは、（相互作用モデルでは）子ども自身の要因と学習環境の要因の相互作用で規定されることから、障害のある子どもに限らず、様々な属性要因について応用することが可能である。また、同じ子どもで

も、特別な教育的ニーズが強い状態、つまり、通常の教育的対応に付加した対応、あるいは通常とは異なる対応を強く、また集中的に必要とする場面もあれば、特別な教育的ニーズが極めて弱い状態、つまり、通常に付加したり、通常とは異なる教育的対応を必要としない場面も生じうる。それゆえ相互作用モデルの特別な教育的ニーズ概念は動的性質を有する概念となる（真城，2003）[24]。

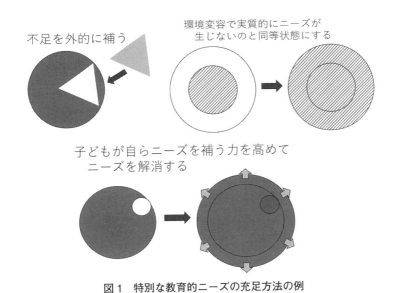

図1　特別な教育的ニーズの充足方法の例

　特別な教育的ニーズの充足は、図1に示したように、必要とされる付加的な、あるいは異なる対応を用意することで行う方法や、子ども自身が自らニーズを解消できるような力を高めて特別な教育的対応を必要としなくする方法、さらには学習環境を変化させることで実質的にその子どもの特別な教育的ニーズが生じない状況を作る方法などがある。この考え方をふまえて教育的ニーズを包含する範囲を拡大するプロセスとしてインクルーシブ教育概念を図解したのが図2-1および図2-2である。

　図1で示した教育的ニーズを充足するための様々な対応を、指導方法や教材の工夫、学習環境の調整等を通じて行うことによって、教育的ニーズの包含範

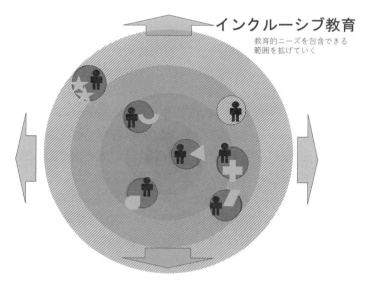

図 2-1　インクルーシブ教育概念図 A

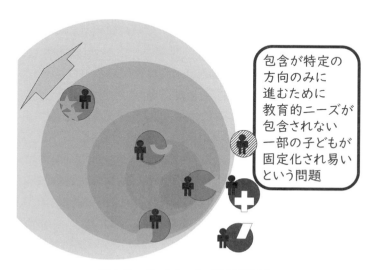

図 2-2　インクルーシブ教育概念図 B

囲は拡大されていく。教育的ニーズを包含する範囲が拡大することは、それぞれの学習場面への実質参加の程度が高まることを意味している。ただし、包含範囲は可変的であるので、常に拡大させるように努力を続けないと、たちまちに包含範囲は縮小してしまう。つまり、ある時点で包含できていた教育的ニーズも、容易に包含されない状態におかれてしまうのである。それゆえに、教育的ニーズを包含できる範囲を拡大するためには常にそこに力を注ぎ続けなければならない。インクルーシブ教育の概念は、その過程（プロセス）を表すものである。化学でいえばエマルション（emulsion）の状態を安定させる作用にたとえるとわかりやすいかも知れない。

　図2-1は同心円状に教育的ニーズの包含範囲の拡大・縮小の変動を示した模式図であるが、実際には図2-2のように特定の方向の教育的ニーズしか包含されないことが多い。包含範囲が拡大する方向は、どのような性質の教育的ニーズを包含しようとするかによって様々に変化する。

　このインクルーシブ教育概念図を用いて考えると、そこに排除、すなわちエクスクルージョンの問題を明確に示すことができる。図2-2には包含範囲の右外側に包含されない教育的ニーズが複数存在していることがわかるが、それらは、いくつかの特定の教育的ニーズだけが包含されない状態が固定的になってしまっていることを示している。このように特定の教育的ニーズが常に包含されないまま固定化された状態がエクスクルージョンである。

　ある時点の、ある学校（学級）で、ある方向に向けて拡大している教育的ニーズの包含範囲について、そこから常に除外されてしまっている（包含されない）教育的ニーズが何であるのかを考えると、各学校におけるインクルーシブ教育がどのような方向に向かっていて、何がエクスクルージョンの状態に固定されているのかを明確にすることができる。

Ⅲ．日本政府に対する障害者権利委員会勧告（総括所見）[35]と
特別ニーズ教育

　障害者権利条約を批准した各国における履行状況と諸制度の方向性等について障害者権利委員会は調査を行い、順次報告を行ってきた。日本に関する報告

は 2022 年 8 月に審査会議、9 月に速報、10 月に勧告（総括所見）が発行された。早速、様々な反応が寄せられたが、いくつかのマスメディアを中心に報道されたのは、特別支援学校や特別支援学級などの廃止が勧告されたという点であった。たしかに総括所見の para.52（a）では「分離された形の特別教育をやめるように」と記されているが、日本における特別支援学校や特別支援学級をすべて廃止するようにと指摘されたかのような解釈や説明は正確性に欠け、誤解を招く。こうした観点からの説明はインクルーシブ教育を統合教育（インテグレーション）の視点のみでとらえており、「通常」学校以外の教育の場が全否定されたかのような解釈や説明は、「通常」と「特殊」の境界や対立を際立たせる二項対立につながり、さらに一方を他方の上位に位置づけた主張が展開される階層的二項対立（hierarchical dichotomy）になってしまうと、むしろ障害のある子どもや保護者の一部の選択要望を排他的に位置づけてしまうリスクを生じさせることがある。

　障害者権利委員会から示された懸念のポイントは日本の特別支援学校制度の否定ではなく、通常学校の役割と責任を拡大させることを優先的取り組み課題として明確化せずに、障害のある子どもに対する教育の役割と責任を主に特別な教育の場だけにおくことを「永続化」しようとしている点にある。

　国連はサラマンカ宣言以降、現在に至るまで一貫して一部の障害のある子どもにとって特別教育（special education）の必要性を認めている。そこでなければ提供することができないような高い専門性を有する社会資源として、障害のある子どもの一部にとって、その必要性が明確に認められている。これはインクルーシブ教育の考え方を世界的に拡散する契機となったサラマンカ宣言（1994）はもちろん、近年の障害者権利委員会の専門委員の言及（Morris, 2021）[20] でも同様である。サラマンカ宣言で特別学校や特別学級が相対的に少数の障害のある子どもに対して最適の教育を提供しつづけることが明言されていることは、サラマンカ宣言が発せられた直後の日本の障害児教育入門書（eg. 茂木，1995）[17] でさえ触れられていたほどの基本的共通理解事項であり、この姿勢は基本的に現在まで踏襲されている。

　ただし、特定の属性を持つ子どもが受ける教育の質が他の多数の者が受ける教育機会に比して劣るものでないことは大前提である（眞城，2021a）[27]。すな

わち、日本の場合でいえば、特別支援教育における専門性の担保は、各障害種別に必要な具体的な障害特性の理解とそれを踏まえた、通常の教育的対応に付加した、あるいは通常の教育的対応とは異なる高度な専門的対応が提供されることによって示される。特別支援学校や特別支援学級、通級による指導のいずれも、通常学級では提供することが困難な教育的対応を提供できることに高度な専門性を提供する社会資源としての位置づけを与えられているのである。もし、特別支援教育制度で提供される教育の質が低いのであれば、特別支援学校や特別支援学級の学習機会はエクスクルージョンであるとみなされる（図2で示した教育的ニーズが包含されない状態）。

　日本の一部の自治体では、特別支援学級や特別支援学校の教師の配置を、通常学級で十分に指導できない教師に対応させている事実がある。これこそは国連がもっとも非難する取り扱いである。つまり、通常学校で提供されている教育より劣った教育が提供されていることに他ならない。ほかにも「通常学校で生徒指導の問題を起こした教師を複数担任制の特別支援学校に異動させる」、「特別支援についての学習を全くしたことがない初任者・新任者に事前研修もなく特別支援学級担任をさせる」、「知的障害児への指導方法がわからず数学年下の計算ドリル問題をただやらせる」、「『遊びの指導』の本質を理解せずに、ただ児童と遊んでしまう」、「筋肉が収縮する基本メカニズムなどの基礎知識を持たずに肢体不自由児の自立活動に携わる」などは、いずれもこれに該当する。特に、自治体や学校内での人事配置が質の低い特別支援教育が提供される原因となる場合は、教育行政的エクスクルージョンであり、その責任はとりわけ重い。

　特別支援学校や特別支援学級で提供される高い質の教育とは、たとえば30人を超える学習集団での一斉授業では実施することが難しいような重い障害のある児童生徒のわずかな発信を繊細な感覚を研ぎ澄ませて把握して子どもの内的世界と外的世界の扉を開く働きかけや、標準化された発達検査ではほとんど拾い上げることができないほどにゆるやかに発達する子どもの変化を確実につかみ、ゆっくり繰り返しながら子どもが自ら成長する力を強めていけるように具体的な経験を積み重ねて発達を促す指導、自傷や他害が激しい子どもの混乱を傷だらけになりながらすべて受け止めて落ち着いた行動にいざなう関わり、

経験したことが身につくまで消化されるのを「待つ」姿勢といったものがある。必ずしも特別な名称がつけられた専門的指導だけが質の高い教育的対応というわけではない。

　これまでに障害児教育分野で丁寧に積み重ねられてきた専門的指導や子どもへの関わりの姿勢は、個別または少人数の学習集団において臨機応変に調整可能で柔軟な環境のもとではじめて実現できるものもある。そうした学習環境を選択肢から全くなくしてしまうと学校教育の経験によって潜在力を引き出され、伸ばされる経験が得られなくなる子どもや教育機会自体を失う子どもを生み出してしまう。

　また、個々の子どもに寄り添うことで培われてきた障害児教育に携わる教師の専門性は、現在までの通常学校では全員に提供することが難しい個別指導や少人数環境のもとで一人ひとりに十分に関わる時間が用意される中でなければ高めることができなかったし、そうした専門的な指導を受けられたことで潜在する力が引き出され、伸ばされた子どもは数多い。もちろん、そうした指導があわなかったり、十分な指導を提供できなかった事例もある。より大きな学習集団や変化の大きな学習環境条件のもとでは高めることが難しいこうした専門性を、現在の通常学校の教師が置かれている過酷な条件下で獲得させることには無理がある。そして、現在のように、新しく追加された教育内容や方法をすべからく教師の研修で対応しようとすること自体、あまりに乱暴である。小学校において全ての教師にあらゆる教科・領域に渡る指導に必要な知識・技能を身につけさせて提供する仕組みそのものを変えなければならない。国連が求めているのは、単に日本の特別支援教育の在り方の見直しではなく、日本の学校教育制度においてインクルーシブ教育の考え方を制度全体に明確に位置づけることなのである。

　通常学校・通常学級以外の教育の場を選択できる機会と権利の保障は必要不可欠である。それにもかかわらず、自由な選択を妨げてきた大きな要因の一つは、障害の種類や程度を基準とした就学指導の不適切な「運用」にあった。学校教育法上はあくまでも特別支援学校や特別支援学級は選択肢の一つであって、そこへの就学は強制ではない。就学指導から就学支援に制度を改めたことは、それをより明確にするためであったが、いまだに特別支援学校や特別支援

学級が選択肢であることも含めて必要な情報提供を行わず、さらには特に行動面での障害をもつ子どもを中心に通常学級の授業の妨げになるとか授業についてこられないことを理由に特別支援学級等への就学を半ば強制するような就学事務取扱をする自治体が後をたたない。

　日本語が生活言語・思考言語ではない子どもの特別支援学級への在籍が日本人の倍にものぼる問題も知られているし、就学先決定の判断基準や手続きに大きな問題が内包されていることは松田・中川（2018）[16] や大沼・濱田（2022）[22] などでの指摘をみれば明らかである。

　測定条件の影響を大きく受けるために誤差の大きい知能検査をその子どもの思考言語ではない言語で行わせたり、日本語を母国語にしないだけでなく、家庭での生活言語が用いられる国での生活経験も必ずしも十分ではない、つまり日本と保護者の母国のいずれでの生活経験も十分ではない子どもの場合には、そもそもどの言語を用いても（言語性下位項目が含まれている）知能検査では正確な測定ができないにも関わらず、無理矢理に検査を使用して知的発達に遅れがあるという結果を出し、それをもとに特別支援学級等への就学をほぼ強制している自治体がある地域がある。さらに、不足する学校教員を補うために意図的に特別支援学級籍の児童生徒を増やす対応をとる自治体もある。

　障害者権利委員会の日本政府に対する総括所見の中で、51（b）において2022年4月に文部科学省から出された通知[19] によって特別支援学級在籍者が通常学校での学習活動に参加する時間が半分以下に制限されたことへの懸念が示されているが、この通知がなされた背景に上記のような自治体の不適切な就学取り扱いがあることを念頭におけば、各自治体の運用面での問題が原因であることがわかる。ただし、国の施策レベルでいえば、学校教育制度において特別支援を必要とする児童生徒が必要とする教員を配置するために、かつての特殊教育制度と同様に学籍の置かれている場所による格差の大きい状況を改善しようとする具体的方向性が示されていないことが根本的な原因であることは明白である。

　障害者権利条約第24条の履行状況に対する総括所見を特別支援教育分野の問題としてではなく、学校教育全体の問題としてとらえることができなければ、総括所見51（a）で指摘された懸念事項はまさに永続化・固定化してし

まう。

　特別支援の専門的指導を特別支援学校、特別支援学級、そして通級による指導の充実や特別支援教育支援員の配置などの特別支援教育分野の充実だけで進めようとするのではなく、通常学校・通常学級を含む学校教育制度全体の大規模な改正を通じて行わなければ、いつまでも「特別支援は特別な教育の場で」との構図は変わらない。

　インクルーシブ教育のもっとも核心にある考え方のポイントは、通常学校制度の改善・開発である。それは国連のサラマンカ宣言が出された当時、インクルーシブ教育を提唱したユネスコが取り組んでいたプロジェクト、Special Needs in the classroom[1] が、学校改善（school improvement）や学校開発（school development）を強く志向したものであったことを鑑みれば明白であるし、障害者権利委員会が一般注釈（一般意見）（2016）[34] を通じて示したインクルーシブ教育の考え方をみても明らかである。

　単に通常学校・通常学級が必要な配慮を用意して障害をはじめとしたマイノリティ性を有する子どもを受け入れられるようにするという発想に留まるならば、通常学校制度が基本を変える必要がない標準であることへの疑問さえ浮かばなくなってしまうであろう。

　現在の日本における学校教育制度を根本的に改正しなければ、インクルーシブ教育概念で示される教育的ニーズの多様性を包含する範囲を拡大することには遠く及ばない。それは、端的には通常学級の役割と責任の範囲を「変えよう」との発想が基軸に据えられていないからである。中央教育審議会答申（2023）[11] を受けて閣議決定された教育振興基本計画（2023）[18] においても、特別支援教育や外国にルーツのある児童生徒に対する教育に関する言及は、それぞれ独立して項立てされた中でなされるのが中心であり、急激に変化する社会情勢の中で学校教育が社会において担う新しい役割の構想の中で、その核となる部分の制度設計にインクルーシブ教育が実質的に組み込まれていない。インクルーシブ教育の考え方を教育制度に組み込むためには、現行の学級サイズの大幅な縮小化や、教員配置の仕組み、学校における教育職以外の専門職種の明確な位置づけと身分保障の担保、教育と医療や社会福祉等の各制度の融合システムなどを必然的に伴うことになるが、そうした肝心の点について明確に示

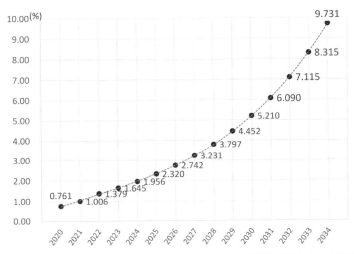

図3　ADHD・学習障害・自閉症を対象にした通級による指導を受けている児童生徒が学齢児全体に占める割合の推移予想（小学校・中学校）
出典：眞城（2023）：通級による指導対象者数変化の数理モデル．発達障害支援システム学研究，22(1)，p.18 より

されていない。

　それをせずに通常学校における特別支援の拡充のみで進めようとしている姿勢こそが障害者権利委員会の懸念と勧告が指摘している日本の教育制度の問題点なのである。

　眞城（2023）[29]は、2006 年以降に対象となった ADHD、学習障害、及び自閉症のある児童生徒を対象とした通級による指導の対象者数の変化を表し（図3）、この増加傾向が継続すると仮定した場合、2030 年代初めには対象者が児童生徒全体に占める割合が 6%、2034 年には 9% を超える見込みであることを指摘し、増加傾向が近年になるほど顕著であることについて懸念を示した。通常学級在籍の障害のある児童生徒への対応について、国は通級による指導を充実させることで必要な対応を通常学校でよりよく提供できると考えているようであるが、通常学校における特別支援教育の充実の役割と責任を「通常学級以外」に位置づける方策の拡大によって推進しようとするばかりで、通常学級の制度そのものの抜本的な改善や開発に踏み込んだ方針を明示できないことが総

括所見での懸念につながったということである。

　図3に示された予測が、実際には発達障害を有していない児童生徒が少なからず含まれた推移を背景とした傾向であることを念頭におけば、問題の根源が浮かび上がってくる。

　特別な教育的対応を「高い専門性が必要」との理由で通常学級以外の場だけで表層的・代替的に提供することに終始したり、通常学級に在籍する障害のある児童生徒への通級指導の充実や通常学級での授業等の方法改善などの充実を図れば良いという発想に留まる対応は、つまりは、通常学校での特別支援教育を拡大させるという発想である。そうではなく、特別支援教育の視点や考え方の蓄積を応用しながら通常学校制度の変革を進めるように考える必要がある。

　このように述べれば、授業のユニバーサルデザイン化を積極的に推進したり、特別支援教育支援員を充実させるなど、すでに通常学級で様々な工夫を行おうと努め、実践されるようになってきたではないかとの指摘があろう。しかしながら、障害児教育領域に長年携わってきた人であれば誰もが、現行の通常学級の規模や仕組みのもとではとてもその子が必要としている特別な指導を効果的に行うのは困難な場合が多いことを自覚しているはずである。小・中学校の一学級を15名以下にすること、固定の単独担任制から複数担任制にすること、一斉授業とともに少人数指導及び個別指導の機会を全ての子どもが選択できるような教育課程編成を可能とすることなどは、教育的ニーズの多様性を包含する方向性を明確にするためには最低限必要なことであろう。

　もちろん、通常学級ですべて対応しなければならないという意味ではない。

　現在の通常学校の通常学級で標準とされている教育の在り方を見直しながら、通常学級の役割と責任を拡大する方向性を具体的に表明し、既存の通常学校、特別支援学校のいずれでもない新しい学校種の創設も含めて検討し、多様性を包含する学校教育制度の方向性を明示することが求められているのである。

　原理的には、特別な教育的ニーズへの対応に関する通常学校や通常学級の役割と責任の拡大を制度・実践のいずれにおいても不断に図るという意味である。

　学齢児童生徒数が一貫して減少傾向を続ける中で、特別支援学校と特別支援学級の在籍者が増加し続けている。この点を眞城（2021b）[28]は、スタン

ダード（標準）の範囲の問題として、今日においてスタンダードの範囲が狭くなってきているために、その外に置かれる子どもが増える現象の問題点を指摘している。単に通常学校に「統合」するだけでは「見せかけの包含（真城．2011a）[25]」にすぎず、実質的な教育機会への参加（＝実質参加）を保障するための学校開発の理論と実験的実践が必要である。

Ⅳ．インクルーシブ教育をめぐる特別ニーズ教育研究 における学術的検討課題

　インクルーシブ教育をめぐっては、世界的に総論賛成各論不統一の状態である。

　障害者権利条約が採択され、教育における権利保障のキーワードとしてインクルーシブ教育がいっそう強調されるようになってから以降でも、インクルーシブ教育の妥当性や正当性、限界について指摘した論文はいくつもある（Armstrong ら．2011[8]; Topping, 2011[33]; Norwich, 2012[21]; Hedegaard, 2012[13]など）。

　なによりも、学術的にインクルーシブ教育が現在の障害のある子どもに対する効果的な唯一の教育課題解決原理であることが証明されていない以上、この考え方自体を学術的暗黙是とせず、理論的発展可能性と限界についての丁寧な議論が必要である。さもなければ、例えば、同種異型属性間のマイノリティ性を有する個人の中で誰の権利が優先されるべきかといった議論や実践の検討過程で、もしもインクルーシブ教育の考え方に教育における新たな差別と排除を惹起させてしまう特質が内包されている可能性や、その他の理論的矛盾・限界が明らかになった場合に、この考え方の全体が突如否定的に扱われるという現象につながりかねないからである。その際、直接的に不利益を被るのは障害のある子どもである。日本の障害児教育の歴史においてこれまでに様々な考え方が提案され、また対立してきた際に翻弄され不利益を被る子どもを生じさせてしまったことを忘却してはならない。まして、包含のプロセスを論点にするインクルージョンの議論が、その過程で様々な考え方が相互に排除し合うような議論になってはならない。対立すれど排除しない学術的議論が絶対的に不足している。インクルーシブ教育をめぐる議論においては特別支援学校や特別支

学級制度自体の否定が論じられることがあるが、これらの教育機会を積極的に選択したいと考えている人たちの意思や選択を排除する論を展開することは、平等性や公平性を語りながら新たな排除を生み出してしまうリスクを生じさせる。「平等は一律であることを意味しない（Phillips ら，2003）[23]」し、教育的ニーズの包含方法はそれ自体が多様である。

　荒川（2010[4]，2012[5]，2014[6]，2016[7]）の一連の検討ように、Sen, A や Rawls, J.B.、Nussbaum, M.C. といった倫理・哲学研究などは、こうした現状において重要な示唆を与えるものであろう。また、各国のインクルーシブ教育比較の統計が未だにインテグレーション比較に留まっていることを念頭に統計比較を見直す必要もある。

　さらには、インクルーシブ教育に関する学術的議論や実践において、医学的あるいは心理学的診断を固定的に扱わないようにといいながら、いかに多くの学術論文や実践現場で障害の特徴だけに判断基準を求めた対応がなされているかを鑑みれば、障害のみならず多様な要因によって生じる教育的ニーズに関わる課題を取り扱う特別ニーズ教育において、視点のあて方が限定的にならないように留意することが重要である。ある特定の教育的ニーズを包含することだけにスポットライトを強く当てすぎると、その周囲はより見えない暗い部分が強くなってしまう（＝意識外に置かれる）状況を生み出しやすくなるためである。

　「多様性をめぐる問題を他者受容の寛容さに還元させることなく、多様な差異をもつ人たちを同じ社会を構成し作り上げていく人間同士として認識させることができるのか（岩淵，2021）[15]」との問いは、特に現在の日本におけるインクルーシブ教育をめぐる議論がどの深度でなされているのかを思い知らされる。

　インクルーシブ教育の考え方を実現しようとするならば、通常学校における特別支援の充実ではなく、通常学校における教育機会そのものの根本的・抜本的見直しが避けられない。清水（2012）[30] は、通常教育が変わり得るという立場に立たないかぎり、いくらインクルーシブ教育を主張しても空念仏になってしまうと述べている。そこまでの姿勢に立つことができるのか、また、それを支える学術的根拠をこの分野の学術が提供できているのか、（もちろん自身も

含めて）厳しく問い直す必要がある。

　教育実践や教育行政は、与えられた条件の中で最善をつくすことを考えて実行することにその役割と責任の柱があるが、学術には新しい理念・概念や制度設計の基盤となる学術的根拠を創出することに役割と責任がある。様々な実践における方法論を支える学術的根拠を模索する研究は多いが、理念・概念や制度設計の基盤・根拠となる学術的営みは残念ながら日本では脆弱である。これを特別支援学校教諭の免許取得に関わる「特別支援教育の基礎理論に関する科目（第一欄）」が軽視されていることに原因を求める人もいるであろうが、学術の自由を念頭におけばその原因と責任はこの領域の学術に携わる者すべてにあることを強く自覚しなければならない。

　繰り返しになるが、国連が求めているのは、通常学校制度の改善・開発、具体的には日本の学校教育制度においてインクルーシブ教育の考え方の本質を制度の核に明確に位置づけた上で多様な学習機会を保障することである。学術的課題としては、インクルーシブ教育を暗黙是とすることなく、その発展可能性と限界の議論をすべきこと、そして多様性を包含する学校教育制度の具体像について理論と学術的根拠を提供できるようにすることである。そのためにインクルーシブ教育をめぐる以下の課題をめぐる学術的議論の深化と知見の更新が急務となろう。

1) インクルーシブ教育をめぐる権利論に関する学術的検討（子どもの意思表出保障等を含む）
2) インクルーシブ教育または教育におけるインクルージョンの可能性と限界、そして理論的・実践的妥当性に関する検討
3) （上記をふまえた）学校教育制度改正の基盤となる理論と実践の学術的検討
4) 各国のインクルーシブ教育の代表値として示される数値データ比較のための理論と方法の構築
5) 21世紀の社会状況における「学校」の在り方そのものに関する学術的検討

　注
1) Ainscow, M.（1994）Special Needs in the classroom. UNESCO. に概要がまとめられている。
2) Ainscow, M., Booth, T., and Dyson, A. with Farrell, P., Frankham, J., Gallannaugh,

F., Howes, A. and Smith, R.（2006）Improving Schools, Developing Inclusion. Routledge.

3) Anderson, C.（2014）IAN research report. Bullying and children with ASD. Interactive autism network.
https://www.kennedykrieger.org/stories/interactive-autism-network-ian/ian_research_report_bullying?utm_source=iancommunity.org&utm_medium=redirect&utm_campaign=iancommunity.org-article（最終アクセス 2023.7.8)

4) 荒川智（2010）潜在能アプローチと特別支援教育．茨城大学教育学部紀要（教育科学），59, pp.161-175.

5) 荒川智（2012）特別支援教育における ESD の展望とケイパビリティ・アプローチ．茨城大学教育学部紀要（教育科学），61, pp.217-227.

6) 荒川智（2014）ケイパビリティ・アプローチとインクルーシブ教育．茨城大学教育学部紀要（教育科学），増刊号．pp.265-281.

7) 荒川智（2016）正義論としてのケイパビリティ・アプローチと障害者の教育．茨城大学教育学部紀要（教育科学），65, pp.243-257.

8) Armstrong, A., Armstrong, D., and Spandagou, I.（2011）Inclusive Education -international policy and practice. SAGE. pp.4-7.

9) 出口真紀子（2021）みえない「特権」を可視化するダイバーシティ教育とは？ 岩渕功一編．多様性対話．青弓社．pp.165-174.

10) 中央教育審議会（2021）「令和の日本型学校教育」の構築を目指して―全ての子供たちの可能性を引き出す個別最適な学びと協働的な学びの実現―（答申）．文部科学省．

11) 中央教育審議会（2023）時期教育振興基本計画について．文部科学省．

12) Gulliford, R.（1971）Special Educational Needs. Routledge & Kegan Paul. p.1-6.

13) Hedegaard, H.J.（2012）Limits to Inclusion. International Journal of Inclusive Education, 16(1)．pp.89-98.

14) 井上雅彦（2017）応用行動分析から考える家庭における発達障害の理解と支援．教育と医学，65(8)．pp.672-679.

15) 岩渕功一（2021）多様性との対話．岩渕功一編．多様性対話．青弓社．p.5.

16) 松田真希子・中川郷子（2018）外国にルーツをもつ児童の発達アセスメントと言語の問題について．―発達障害と一時的リミテッド状況の鑑別のための調査研究―．金沢大学留学生センター紀要，21, pp.29-42.

17) 茂木俊彦（1995）新障害児教育入門．労働旬報社．

18) 文部科学省（2023）教育振興基本計画．2023.6.16 閣議決定．

19) 文部科学省初等中等教育局長（2022）特別支援学級及び通級による指導の適切な運用について．文科初第375号．文部科学省．

20）Morris, F.（2021）Inclusive Education -The key to social transformation-. Centre for Disability Studies.

21）Norwich, B.（2012）How inclusive policy works in the UK : successes and issues. Open University Press. pp.53-65.

22）大沼渚・濱田豊彦（2022）外国籍児童生徒の割合の多い6県を対象にした特別支援学級での支援体制に関する調査研究．東京学芸大学紀要総合教育科学系，73, pp.521-528.

23）Phillips, C. and Jenner, H.（2003）Inclusion at Bangabandhu Primary School. in Nind, M., Sheehy, K., and Simmons, K. Inclusive Education: Learners and Learning Contexts. David Fulton Publishers. p.62.

24）真城知己（2003）特別な教育的ニーズ論．文理閣．p.22.

25）真城知己（2011a）我が国におけるインクルーシブ教育に向けての動向の整理．特別支援教育研究，650, pp.4-6.

26）真城知己（2011b）インクルーシヴ教育実験学校の構想―検討課題の設定に向けて―．千葉大学教育学部研究紀要，59, pp.1-6.

27）眞城知己（2021a）教育におけるインクルージョンの概念．石田祥代・是永かな子・眞城知己編．インクルーシブな学校をつくる．ミネルヴァ書房．pp.19-34.

28）眞城知己（2021b）石田祥代・是永かな子・眞城知己編．インクルーシブな学校をつくる．ミネルヴァ書房．p.133-147.

29）眞城知己（2023）通級による指導対象者数変化の数理モデル―発達障害のある児童生徒の増加傾向と予測の試み―．発達障害支援システム学研究，22(1)，pp.11-24.

30）清水貞夫（2012）インクルーシブ教育への提言．クリエイツかもがわ．p.141.

31）Slee, R. and Tait, G.（2022）Disability and the limitation of 'Rights'. In Ethics and inclusive education. Springer, pp.98-100. ニューサウスウェールズ州高等裁判所の判決については、Purvis v New South Wales [2003] HCA 62; 217 CLR 92; 202 ALR 133; 78 ALJR 1 で具体的な判決理由等を確認することができる。

32）Tomlinson, S.（2017）A sociology of special and inclusive education: exploring the manufacture of inability. Routledge.

33）Topping, K.（2011）Conception of inclusion: widening ideas. Boyle, C., and Topping, K.（eds.）What works in inclusion? Open University Press. pp.9-19.

34）United Nations Committee on the Right of Persons with Disabilities（2016）General comment No. 4（2016）on the right to inclusive education. CRPD/C/GC/4. para.10-12.

35）United Nations Committee on the Right of Persons with Disabilities（2022）Concluding Observations on the initial report of Japan. CRPD/C/JPN/CO/1.

日本でインクルーシブ教育を
展開するにあたって障壁となるもの

中邑　賢龍

（東京大学先端科学技術研究センター）

　日本のインクルーシブ教育を推進する上で知的障害児の教科学習への参加をどう進めるかが大きな課題である。能力差が大きくなればなるほど学習内容の理解は難しくなり教師の負担は大きくなるが、完全な包摂を望む親もいる。この通常教育現場の混乱は、親と教師の子どもの能力に関する評価の差、学校と親の感情的対立、教員の意思決定の技術や ICT をベースにした支援技術を使った授業リテラシーの欠如、集団一斉指導を原則とする教室など様々な要因がある。不登校児やギフテッド児童からの個別最適な学びの要望が広がり、通常学校を部分的に離れて学ぶことが認められるようになってきた。全ての子どもが必要に応じて複数の学びを持てる教育が当たり前のものとなるなら、障害児の学びにおいても、インクルーシブ教育も包摂か分離かの極端な二分法ではなく、必要に応じて学びの場を使い分けることが抵抗なく実現できるはずである。

Ⅰ．日本のインクルーシブ教育の現状

　ユネスコ（UNESCO）の Guidelines for Inclusion では、障害のある人が一般的な教育制度から排除されない「インクルーシブ教育システム」の確立を締約国に求めており、特別支援学校を中心とした日本の教育システムに対し改善勧

キーワード

インクルーシブ教育　Inclusive education
ICT（情報通信技術）　ICT
意思決定　Decision making

告を出している。しかし、日本がすぐに方向転換するのは容易ではない。

　そもそも我が国の障害福祉や特別支援教育は、早期に診断し、療育やリハビリテーションと合わせて障害を克服し、障害のない子どもと同じような形で授業に参加できることを目標としてきた。養護学校が義務教育化される昭和 54 年以前も、地域の学校に通う事例は少なからずあったと思われるが、その裏では保護者が付き添って世話をするなどの努力があったことも事実である。その一方で、重度障害のある子どもたちに対しては就学猶予措置が当然のようにとられていた。昭和 54 年以降、ほぼ全ての子どもが制度として学校に通えるようになると、養護学校（2007 年以降は特別支援学校）がその大きな受け皿の役割を果たすようになる。重度障害のある子どもの保護者が喜ぶ一方で、一部の保護者が心配していた「地域の学校に通いにくくなるのでは」という不安も現実のものとなっていった。まだ日本が経済成長期の時代であり、小中学校の中は一斉指導で競い、頑張る教育が主流であった。障害のある子どもは特別支援学校があるのだからそこに通えばいいではないかという声の中、分離教育が拡大していったと考えられる。小中学校で学ぶなら障害があってもそれを克服する必要があり、障害のある子どもが通常校で頑張って卒業し、進学・就職すればそれは美談として取り上げられてきた。

　教育効果を高めることや明るく仲良く元気に過ごすことを優先する小中学校の通常学級の中では、「マイペースで勝手に好きなことだけ取り組む」ような子どもは授業の妨げになる。こういった子ども達の中には発達障害と診断される子もいる。教師の一斉指導の進め方によっては、本来は理解されるべき彼らの困難さが、彼らに対する偏見に変わる現実がある。不適応を起こした一部の子は、通常校から特別支援学級や特別支援学校に移り、社会に適応するよう教育を受けることが既成のコースになりつつあり、特別支援学校数は増加の一途を辿っている。特別支援学校で配置される教員の数は、通常学校に比較して手厚い。令和 3 年 9 月に出された「特別支援学校設置基準の公布等について（通知）」では特別支援学校の小学部又は中学部の 1 学級の児童又は生徒の数は、6 人（視覚障害、聴覚障害、知的障害、肢体不自由又は病弱のうち 2 以上併せ有する児童又は生徒で学級を編制する場合にあっては、3 人）以下とされている。そのため特別支援学校に通う子どもの保護者の満足感は低くない。

　さらに、高等学校進学を考えるようになると、通常校で学習に遅れのある子どもの中には、高等学校に進学するよりも、障害者手帳を取得して就職を見据えた教育がなされ高い就職率を誇る高等支援学校を選ぶ者が増加している。これは企業が、法定雇用率制度の達成を義務と考えて障害者を雇用している結果でもある。その一方で、障害者雇用における定着率の問題も指摘されている。離職後の一般企業への再就職は少なく、福祉就労に移行する人も多い。このような今の特別支援教育では、地域のコミュニティから切り離されていくだけでなく、高等教育機関への進学や一般就労への道が狭まることも課題である。分離教育の側面が強い現状に対してユネスコの改善勧告があるのも当然である。

　特別支援学校と通常校との間で交流教育が行われたり、多様性理解の授業も行われているが、福祉的な色合いが強い。その多くは、未だに「手話で歌おう」「点字を触ってみよう」「車椅子を体験してみよう」といった所謂わかりやすい障害に注目させる表面的教育に留まっており、知的障害など見えにくい障害のある人への理解は深まっていない。

　障害者の権利擁護のための運動は、青い芝の会の運動をはじめ 70 年代にかけて活発に展開され、その流れの中で通常学校への包摂も一部の地域で実現したが、そこには大きな地域差が存在する。大阪府では、身体障害のみならず知的障害のある子どもも通常学校で学ぶ比率が高い。令和 4 年の調査では小学校の特別支援学級数は 5733 学級（在籍児童数 32237 人）、中学校では 2282 学級（在籍児童数 12014 人）である。それに対して支援学校数は 50 校、小学部・中学部で学ぶ児童生徒数は 5681 人と圧倒的に地域で学ぶ子が多いことが分かる。これに比べて東京都の令和 4 年の調査では、小学校の特別支援学級数は 1500 学級（在籍児童数は 8518 人）、中学校では 717 学級（在籍児童数 4683 人）である。それに対して支援学校数は 63 校、小学部・中学部で学ぶ児童生徒は 13488 人と分離教育の比率が高い。

　特別支援学級教員が通常学級への入り込み指導を行う大阪府の「ともに学ぶ教育」方式について、2022 年に文部科学省は、「支援学級に在籍する児童生徒が大半の時間を通常学級で学び、障害の状態や特性に応じた指導を十分に受けていない事例がある」ことを指摘し、「支援学級に在籍するという意味は、週の授業時数の半分以上を目安として、支援学級において授業を受けることであ

ること」と通達を行っている。

Ⅱ．ICT を活用した軽度知的障害者を包摂する教育の可能性

　上述したような状況ではあるが、GIGA スクールによるタブレット端末の配布やオンラインコミュニケーション環境の整備など ICT の発展がインクルーシブ教育に影響を及ぼしつつある。

　1980 年代以降、パソコンの普及は障害のある人の機能代替を支えるようになってきた。特に肢体不自由の人にとって書字の代替としてのタイピングや、視覚障害の人にとって拡大反転などによる情報へのアクセスなど当事者に大きな期待が生まれた。その一方で、デバイスへのアクセシビリティは不十分であった。米国ではこの課題に対して、リハビリテーション法 508 条において、全ての電子機器の連邦政府への調達基準にアクセシビリティ機能を義務化した。その結果、ADA（Americans with Disability ACT: 障害を持つアメリカ人法）の中にある合理的配慮とセットになって障害者のパソコンやスマホ・タブレットなどの ICT 機器利用が急速に拡大した。米国のインクルーシブ教育においては、障害のある子どもが他者の支援なしに自立して授業に参加できる上でアクセシビリティ機能の活用は不可欠であるとされている。

　一方、我が国では ICT 活用は十分進んでいない。その理由として二つ考えられる。

　一つ目は、ICT の活用が教育やリハビリ訓練の妨げになるのではという不安である。確かにほとんどの子どもは教育やリハビリ訓練によって徐々に障害機能は改善するが、多くの場合、その伸びは緩やかで他の児童・生徒との能力差は拡大することになる。その効果を否定するものではないが、通常教育の中では他児童・生徒との比較の中で自信や意欲を失っていくケースもある。その差を埋める上で ICT の活用は即効的で有用である。GIGA スクールでタブレットが全国の小中学校児童・生徒に支給されたが、個々が自由に授業中に活用できる学校はまだまだ多くない。常時それを使って学習するよりも、ICT 機器の操作を学ぶために教師の指示により限られた場面で使用する学校が大半とも言える。さらに、アクセシビリティ機能に関する教員の知識も不十分で、障害のあ

る子どもが障害を補えるように個々にカスタマイズして利用しているケースは残念ながらほとんどないと考えられる。

　二つ目は、一斉指導の中で特定の子どもだけが ICT 機器を使うことへの抵抗である。特に試験場面での活用については ICT 機器の中にかな漢字変換や電卓機能など知的機能を代替する機能が含まれるために公平性の担保や不正の防止という観点で ICT 機器の活用に慎重である。入試で ICT 機器を活用できないから、普段の勉強でも ICT 機器なしに学ぶべきだとする考えを主張する人が多い。しかし、この考え方では運動障害や感覚障害の人が不利になることは明白である。この問題について DO-IT Japan（https://doit-japan.org/）という活動が 2007 年より展開されている。DO-IT は障害のある学生にパソコンやタブレットを積極的に使って学ぶように呼びかけ、それを使う合理性を本人がきちんと説明できるように研修する活動である。近年、身体障害の生徒に対し、運動障害や感覚障害の代替として ICT 機器の活用は合理的配慮の一つとして認められるようになってきた。その一方で、発達障害や知的障害の生徒に対する記憶・認知機能の代替としての ICT 機器の活用に対してはまだ拒否感が強い。Chat-GPT など生成 AI の活用が教育の中で議論されているが、学校の中で一律に禁止されるべきではないと考える。確かに学習初期の段階で安易にICT 機器を活用することは本来有する子どもの能力の伸長を阻害する危険性もある。その一方で、教育の本質を失わない形で生成 AI などの活用をしながら学ぶことを教えていくことが重要である。それに加え、時には、新しい技術に合わせたカリキュラムや試験問題の開発も必要となる。特に学びにつまずいて学習に遅れが生じた子どもに対しては、その遅れを取り戻す上でも積極的にその活用方法を教えていくべきである。そうしない限り、発達障害や知的障害の子どもたちは技術の進歩の恩恵にあずかれないだけでなく、インクルーシブ教育の中でも取り残されることとなる。ICT の活用をうまく行うことでこれまで以上に質の高いインクルーシブ教育が展開できるはずである。

　ここまで軽度知的障害を中心に述べてきたが、残念ながら重度知的障害のある子どもには技術的な恩恵が及びにくい。彼らを含むインクルーシブ教育について現場には大きな議論がある。

Ⅲ．重度障害のある子どもを含むインクルーシブ教育をめぐる対立

　日本では、「障害のある子と障害のない子が通常の学級で共に学ぶことを原則にすべきだというもの」と「障害のある子にはその教育的ニーズに応答するための多様な学びの場を準備すべきだというもの」という二つの正義の間で様々な問題が起こっている（武井，2020）。就学相談において学校と当事者・保護者との間で合意形成が行われたとしても、小中学校入学後は人的・物的な環境整備が不十分なまま、個々の学校・教員に努力が委ねられる。例をあげれば、重度知的障害のある子どもが小中学校で学ぶ意味は十分理解できるが、教科学習の時間に教科を同じように学ぶことが可能であると考えるのは無理がある。その子にあった教育を準備する人も部屋もないまま、同じ教室で理解できない教科の授業を聞いている実態もある。見方を変えれば、彼らの本来伸ばせる能力を学ぶ時間を奪っていると考えることもできる。先に述べた大阪で起こっている議論は完全包摂の中で重度知的障害の学習の権利が保障できるかという問題である。包摂を望む保護者の中にも、小中学校の通常学級で常時一緒に学ぶことを望むか、通常学級の中で特別支援学級や通級指導教室と行き来しながら学ぶことを望むか違いがある。しかし、理念中心の議論であり、統合の具体的な手段や技法については主題となっていない。

　インクルーシブ教育において、重度知的障害がある場合には、教科の授業の内容を理解できるかどうかが最大のポイントである。例えば、補助員をつけ、噛み砕いて説明したとしても授業理解は追いつかないケースもある。彼らの認知能力やコミュニケーション能力を客観的に評価することで、彼らがその中で学べる課題をその教科と進路に合わせて準備することができる場合もあるが、それは他児童と全く異なるものとなるであろう。その場合、果たして同じ教室で同じ時間に学ぶことの意味がどこにあるのかという疑問が残る。また、言語理解について冷静に科学的に評価が行われることなく、入学や進学の判断時に、親や支援者により代行的意思決定が行われている。なぜこのような問題が起こるのであろうか、以下、この問題について整理していく。

1. 重度知的障害の理解の難しさとＦＣ（支援つきコミュニケーション）

　知的障害は、軽度から最重度の知的障害までその幅は広く、それにも関わらず一括りにされることが多い。IQ で軽度・中度・重度・最重度に分類されるが、それは行政上の分類であり、コミュニケーションについては別の視点が必要である。彼らがどこまで内容を理解しているかを確認しそのレベルに合わせてコミュニケーションしている人は多くない。

　言葉を発することが難しい人とのコミュニケーションに FC（Facilitated Communication）や介助付きコミュニケーションと呼ばれるものがある。これらは音声表出に困難さがあり、外見からは言語を理解できていないように見える自閉症や重度脳性麻痺の人が、腕を持って補助してもらうことで文字を綴ってコミュニケーションできるということを示した（Biklen, 1990; Crossley, 1992）。落合ら（2017）は、最初は補助付きで後に自立してコミュニケーションできるようになる人がいると報告しているが、反面、介助無しでは意思表出困難なケースもある。その中には当事者ではなく、親や支援者の意思で文章を表現しているように見える事例も出現し、真贋論争に発展した例もある。我が国でもテレビ番組で取り上げられ社会的な議論にまで発展した「奇跡の詩人」のような例もある（滝本・石井，2002）。

　介助者ではなくコンピュータを介した場合は、その表出が当事者本人の意思かどうか判別しやすくできる反面、場合によってはさらに複雑なものになる。例えば、タブレットのスクリーンに食べ物を表示して「パンとご飯どっちがいい？」と尋ねると、当事者が手を伸ばして「パン」の写真を選択すると、多くの人が何も疑うことなく「パンを食べたいのですね」と言ってパンを準備する。しかし、手を伸ばした当事者がその写真を理解して押したかどうか検証する人は少ない。ただ画面に注意が向いて手を伸ばし、たまたま最初にパンのスイッチエリアに手が触れたに過ぎないのかもしれない。このようにテクノロジーを介するとまるで子どもに意思があるかのように感じることがある。運動機能が残っていればテクノロジーはそれを分かりやすい形に増幅し、あるいはモダリティを変換して多くの人に伝えてくれる。知的障害の人の意思とは関係なしにテクノロジーはその動きを抽出し画面の動きや音に変換する。しかし、一部の人にはそれがまるで彼らの意思の表現のように感じられ、そのまま

コミュニケーションが進行する。全国の特別支援学校にタブレットや視線入力装置が導入され、実践報告がなされているが、その中には、当事者の意思を必ずしも反映していないと思われるケースが数多く存在する。我々の言葉を全て理解してないまでも絵・写真・シンボルを示せば知的障害の人はコミュニケーションできると信じる人もいる。残念ながら表象機能や象徴機能が獲得されていない人にしてみたら、写真や絵カードは紙切れに過ぎず、タブレットはただのガラスの板にすぎない。このように知的・認知機能とマッチしないまま技法が使われることで、主観的で発展的でない教育が続くことになる。

　我が子は表出が困難なだけで授業の内容は理解できていると信じている保護者が、インクルーシブ教育を望むのは理解できる。実際に乳幼児の言葉の発達は親が子どもの声や活動に意味を感じて声かけする中から発達する。また、家族や支援者が当事者の反応に意味づけをして関わることで相互の心理的な安定を生むメリットも無視できない。その点で親が子どもを信じて FC 的なやり取りを展開することを完全に否定するものではない。しかし、教育現場においては子どもの知的能力を客観的に見立て、適切な AAC（Augmentative and Alternative Communication: 拡大・代替コミュニケーション）手段や ICT によって最大限の意思を引き出すべきである。

　米国の ASHA や ISAAC などの学会は科学的な検証を行い FC を否定し、その技法を禁止する動きも一部であるが、その一方で、自閉症家族者など当事者団体から FC を擁護する動きもある。信じる人にとってみればそれは真実であり、傍観者からすればオカルト的で信じられない現象である。FC や介助付きコミュニケーションの事例が完全包摂を求める運動の後押しをしている部分もある。

2. 代理決定者としての保護者

　障害者基本法第 16 条には、「国及び地方公共団体は、障害者が、その年齢及び能力に応じ、かつ、その特性を踏まえた十分な教育が受けられるようにするため、可能な限り障害者である児童及び生徒が障害者でない児童及び生徒と共に教育を受けられるよう配慮しつつ、教育の内容及び方法の改善及び充実を図る等必要な施策を講じなければならない。　2 国及び地方公共団体は、前項の

目的を達成するため、障害者である児童及び生徒並びにその保護者に対し十分な情報の提供を行うとともに、可能な限りその意向を尊重しなければならない。(障害者基本法 第 16 条)」とある。

　国連は 2006 年の障害者権利条約において支援された意思決定（supported decision making）という言葉を盛り込んだ。これは自己決定（self determination）が困難な知的障害のある人の権利を尊重する考えである。これを受けて、我が国でも 2011 年に障害者基本法を改正し意思決定支援の条項を「国及び地方公共団体は、障害者の意思決定の支援に配慮しつつ、障害者及びその家族その他の関係者に対する相談業務、成年後見制度その他の障害者の権利利益の保護等のための施策または制度が、適切に行われ又は広く利用されるようにしなければならない。(障害者基本法第 23 条（相談等))」と盛り込んだ。

　また、2007 年には、学校教育法施行令改正（H19.3.30 改正、H19.4.1 施行）により、障害のある児童の就学先の決定に際して、専門家からの意見聴取に加え、保護者からの意見聴取の義務付けが新たに規定された。第三者の入った就学指導委員会などの仕組みが存在するが、入学や進学等の重要な決定事項において保護者の判断の重みが増している。残念ながらこのような判断経験がほとんど無い保護者が少ない情報の中で判断を求められる場合も多い。「IQ が低く小中学校が向かないから特別支援学校へ」という具体性のない説明ではなく、「認知発達が教科学習を理解するまでに至ってないので、まずはゆっくりした個別の会話を通して言葉を学びましょう」といった具体的説明が必要である。

　日本ではこれまでは意思表出が困難な人たちに対して成年後見制度のような代行的意思決定（substituted decision making）によって権利擁護を図ってきたが、上述したように知的障害が重度になればなるほど具体的道筋が示しにくくなるのが現状である。さらに日本には集団志向で相手の気持ちを汲み取って何かしてあげることが良いとされる文化がある。そのため個人が強く意志を主張しなくても生活できる社会であり、同時にそれは自己決定を主張しにくい社会であるとも言える。遠藤（2016）は、支援を受けた意思決定の中に知的障害者の自己決定のプロセスがほとんどないという問題を指摘している。

　重度知的障害者の意思を引き出す AAC 技法の授業が教育や福祉系の大学の中にほとんど存在しないため、教師や支援者はそのスキルに乏しいという問題

が指摘される。そのため知的障害の統合現場では、当事者の家族や支援者と学校関係者の間ですれ違いが生じることが多い。同時に、特別支援教育においても自己決定を尊重し、その力を育むような授業が十分であるとは言えない。これが日本におけるインクルーシブ教育を阻害している。

Ⅳ．分離か包摂かではなく、個別最適な質の高い学びへ

どのようなレベルでどのようにインクルーシブ教育に向かうべきか、その推進の具体的方策の欠如が大きな課題である。これまで、障害のある人と障害のない人は、身体能力や知的能力面において距離があり、それは教育によっても補うことが難しく固定的であった。しかし、AAC 技法や ICT の活用、また環境調整によって、一緒に学ぶことが難しかった知的障害や発達障害の子どもたちがこれまでよりは教科学習の授業に実質的に参加できるようになってきた。

その一方で、言語理解に困難さを有する重度知的障害者については ICT を活用してもまだその距離を縮めることは容易ではない。彼らにも知的機能の代替という点で期待が高まるが、タブレットを活用して記憶を代替することや生成 AI を活用する以前に言語獲得を促さない限り、それらの技術を活用する意味の理解さえ難しい。そのため、ICT を活用しても教科学習の場に参加するにはやはり限界がある。当事者の認知発達の段階と、それに合った ICT の活用と環境整備を行った結果、どこまで通常学級の中でインクルーシブな授業参加ができるか、また、それが困難な場合、どのようにカリキュラムを変更するか。さらに、通常学級での授業が困難な場合、その子にとっての最適なカリキュラムの変更と交流をいかに進めるかの検討が必要である。

能力の隔たりがあり能動的な活動ができなくても完全包摂の意味はあるという声もある。これについては部分参加という視点が重要である。これは、学習活動に全て参加しなくても、その活動に部分的でも積極的に参加できれば、全員でやり遂げた気持ちになれるという考え方である。例えば、家庭科の調理実習において、ミキサーのスイッチを押すだけでも楽しめて、自分で作った料理であると思えるという考え方である。この部分参加という考え方も交流教育の鍵となる。そこでのコミュニケーションによって互いに刺激を受け、成長する

糧になることに疑問はないが、その一方で重度知的障害があるからこそ個別最適な学びの時間を多く確保する必要もある。現状では小中学校に専門性を持った教師がほとんどいない上に、個別な授業を行う場所も確保しにくい。早急にこの問題を解決する必要がある。

　特別支援学校ありきでインクルーシブ教育の議論が進んでいるため、特別支援教育の専門的なリソースを通常学校に十分配分できないままである。インクルーシブ教育の推進には、特別支援学校を解組し、制度的に特別支援教育サービスを通常学校の中で誰もが利用できるように分散させることが必要かもしれない。その上で、時には、通常学級を離れて特別支援学級や通級指導教室など個別の学びや少人数教育を受けることが重度知的障害の子どもにとっては最適な学びであると考える。

　近年、小中学校の通常学級に包摂されている子どもの分離教育に対するニーズに耳を傾けると新しい学校の姿が見えてくる。2022 年の不登校数は前年に比較して約 20％増加した。その対応として適応指導教室や SSR（Special Support Room）の設置が進む。不登校の子どもの中に発達障害傾向のある子どもたちが相当数含まれていることを鈴木ら（2017）が指摘している。それによると不登校を主訴として発達診療センターに訪れた 80 名のうち 57％が広汎性発達障害や ADHD 等の発達障害を有しており、さらにそのうちの 87％が不登校になるまで発達障害の診断を受けていなかった。また高橋（2021）は、不登校の子どもと登校している子どもを比較し、「黒板をノートに書き写す時間が足りない」「自分で読むよりも人に読んでもらったほうがわかりやすい」など読み書きの困難さを不登校群が多く持っていることを示している。通常教育を受ける子どもの中にも特別支援教育に対する潜在的ニーズがあるものの、特別支援教育を受けるには医師の診断や専門家の所見が求められるため、そのサービスを見送る人も多い。

　平成 28 年に成立した教育機会確保法では、障害の有無に関わらず不登校の子どものフリースクールやオンライン学習を学校教育の一部として認める方向にある。また個別最適な学びは不登校の子どもだけの権利ではない。小中学校では教科によって習熟度別の授業も行われており、ギフテッドと呼ばれる特異な才能のある子どもの学びの場の議論も始まっている。愛知県では 2023 年度

から小中学校の児童・生徒が年間2日間の休みをとって家族旅行など学校を離れた学びに当てることができる制度を設けた。この休みは欠席扱いとしないのが特徴である。さらに、Zoom などのオンライン会議システムの発展は、時間・空間を超えた学びと交流の場を容易にしており、全ての子どもが複数の学びの場を持って学ぶ時代が来ることが期待される。

　これまでのインクルーシブ教育の議論においては、誰もが毎日同じ学校で一日一緒に同じことを目指す中で、そこに参加出来ないことを問題としてきた。しかし、誰もが時々違う学校に行って違うことを学ぶような時代になったなら、おそらく誰もが同じ場所で同じように学ぶことが不自然であると捉えるようになる。そうなると障害のある子どもだけ頑なに同じ場所で同じ内容を学ぶことを求めるインクルーシブ教育そのもののロジックが破綻する。個別最適なオルタナティブな学びの場の増加はそれを後押しする。それぞれが自分にあった場所で学ぶことが自然になれば、障害のある子どものインクルーシブ教育の意味も変わってくる。

　交流教育を考える上で、東大先端研の LEARN（https://learn-project.com/）というプログラムが参考になる。そこでは、障害のみならず様々な困難さを抱えた子どもが「詳細なプログラムは明かされない」「目的を強制しない」「はっきりした教科書がない」「時間を制限しない」「協働を強制しない」というポリシーの下で参加している。例えば、「詳細なプログラムは明かされない」ことによって知らない場所で初めての課題を与えられた時には、知識の有無がハンディにならなくなる。「目的を強制しない」ことによって、明確な答えが一つにならない。「時間を制限しない」ことによって自分のペースで学べることになる。それが能力差のある多様な子ども達の交流の学びへのハードルを下げる。

　これまでは、小中学校（統合教育）か特別支援学校（分離教育）か二者択一でインクルーシブ教育を考えがちであった。しかし、上述してきたような社会の流れを考えると、これからはそれを二分法で議論する意味はない。完全包摂にこだわることなく、私自身は、地域の学校で学ぶことを原則としながら、分離して学べる様々な授業リソースを使い分けることが重要であると考えている。その場合、それぞれの授業に出席したかなどの管理が課題になるが、DX

や AI などの技術を活用することで、学校の負担なく学べる時代が来るであろう。また、インクルーシブ教育実現のための具体的方策について、教育センターや教育学部のカリキュラムの中でも十分学べるとは言い難い。インクルーシブ教育を理念から実行へ移すための具体的技法を整理し、教員養成や研修の中に組み入れていく必要がある。

引用文献

Biklen, D.（1990）"Communication Unbound: Autism and Praxis". Harvard Educational Review, 60,(3)，291-315.

Crossley, R.（1992）Who said that? In Deal Communication Centre, Facilitated communication training（pp. 42-54）. Melbourne: DEAL Communication Centre.

遠藤美貴（2016）「自己決定」と「支援を受けた意思決定」　立教女学院短期大学紀要　第 48 号，81-94.

落合俊郎・小畑耕作・井上和久（2017）Facilitated Communication（FC）と表出援助法の比較研究：肢体不自由，重複障害のある児童生徒への効果を求めて 広島大学大学院教育学研究科附属特別支援教育実践センター研究紀要 15 号，11-22.

鈴木菜生・岡山亜貴恵・大日向純子・佐々木彰・松本直也・黒田真実・荒木章子・高橋悟・東寛（2017）不登校と発達障害：不登校児の背景と転帰に関する検討 脳と発達　49巻 4 号，255-259.

高橋麻衣子（2021）学校になじめない中学生の背景要因の検討　学習にかかわる認知特性に着目して 日本教育心理学会　第 63 回総会発表論文集 P426.

武井哲郎（2020）障害の有無による分離に抗する 教育委員会の役割 —インクルーシブ教育をめぐる二つの"正義"のはざまで—　日本教育行政学会年報 No.46, 55-71.

滝本太郎・石井謙一郎（2002）異議あり！「奇跡の詩人」同時代社

SNE ジャーナル，29(1)．2023．59－74

特　集

インクルーシブ教育における「通常学級の改革」の課題と展望
―規範の弛緩および多様性を前提とした授業づくり―

赤木　和重

（神戸大学大学院　人間発達環境学研究科）

　インクルーシブ教育を進めるうえで重要になる「通常学級の改革」について、これまでの現状を整理し、その展望について述べることを目的とした。はじめに通常学級から特別支援学級・特別支援学校在籍児に転籍している事象に注目し、通常学級が障害児を包摂できていない現状を明らかにした。そのうえで、通常学級が障害児を包摂できなくなりつつある原因は、(1)「授業スタンダード」に代表される同一性を求める学習規律・生活規律の強まり、(2) 同一内容・同一進度を求めるカリキュラムの強まりを指摘した。通常学級の包摂困難への対抗として、「ユニバーサルデザインに基づく授業づくり」や大空小学校の取り組みを挙げた。そのうえで、今後求められる包摂方略として、(1) 既存の学級規律・生活規律をもとにしながらその規範を弛緩しつつ、創発していくこと、(2) 通常学級で学ぶ子どもの学力・関心から出発するような授業・学校づくりをめざすこと、の2点を指摘した。また、このような方略の背景には、子どもの最善の利益を保障する「結果としてのインクルーシブ教育」が位置づくことを指摘した。

キーワード

インクルーシブ教育　Inclusive education

通常学級　regular class

授業スタンダード　standardized teaching

弛緩　elaxing

I. はじめに

　2022 年、国連障害者権利委員会は、日本の障害者権利条約の批准状況に対して「日本の報告に関する総括所見」を公表した。そのなかで、「分離された特別教育（segregated special education）の永続化」への懸念が出されるとともに特別教育（special education）停止の勧告がなされた。「分離された特別教育」や「停止」の解釈については議論がある。ただ、日本の特別支援教育の現状に対して、看過できない問題を有している点については、多くの実践者・研究者が首肯するだろう。特に、通常学級の改革が求められているという点ではどの論者も同意しうるし、実際、これまでもたびたび指摘されてきた。しかし、「通常学級の改革」の内実に関しては、本学会含めて、十分な議論が整理・蓄積されているとはいいがたい。窪島（2019）が指摘するように、インクルーシブ教育が、障害児教育の研究者に任せられる／障害児教育研究者が引き受けてしまう状況が関係している。

　そこで、本論では、通常学級の改革について、これまでの研究・実践を整理し、その展望について述べることを第一の目的とする。第二の目的は、これらの整理をもとに、通常学級の改革についてどのような方向性がありうるのかについて提起を行うことである。なお、インクルーシブ教育を検討する場合、障害児だけではなく、外国にルーツのある子どもや、性的マイノリティの子どもなどを含める必要がある。しかし、著者の専門上および議論を慎重に進めるために、対象を障害児に限定し、かつ、小学校時期に限定する。

II. 特別支援学級・特別支援学校在籍児の増加：転籍に注目して

　通常学級の改革について述べるまえに事実確認を行う。現実的に通常学級から障害児が排除されているのかどうか、そして排除されているのであれば、その排除はどのように「進行」もしくは「改善」しているのかという事実確認である。包摂や排除を象徴する指標は様々であるが、本論では、特別支援学級・学校の在籍児の数や割合の推移に注目する。同じ場所で在籍すること・学ぶこ

とをもって、「インクルーシブ教育が進んでいる」とするのは早計である。一方、通常学級が障害児を包摂できているかどうかの重要な指標になりうるのも事実である。特別支援学級および特別支援学校の在籍児数は、周知のとおり、年々増加している。特別支援学級の在籍児は、この10年でおおよそ2倍増加し、特別支援学校の在籍児はおおよそ1.3倍増加している。ただ、この数値をもって、「排除が進んでいる」と単純には判断しにくい。少なくとも通常学級から排除されたわけではなく、小学校入学時から特別支援学級や特別支援学校を、当事者（子ども・家族）が進んで選択した場合、排除と判断しづらいからだ。

　そこで、著者らのグループは、排除を示すより適切な指標として小学校時期における転籍に注目した（金丸ら、2019; 赤木ら、2019）。ここでいう転籍とは、小学校時期において、通常学級から特別支援学級もしくは特別支援学校へ学籍が異動する事象を指す。例えば、小学校1年生から3年生までは通常学級に在籍していたが、何らかの理由で小学校4年生から特別支援学級や特別支援学校に異動する場合などを指す。転籍に注目するのは、通常学級における障害児を包摂のできなさを示す適切な指標だと考えられるためである。通常学級で適応できていれば、あえて転籍する必要はないからだ。実際、転籍がなされる場合、子どもが通常学級で不適応になっている事例が多いと指摘されている（井上、2010）。同様に、鶴宮（2022）も、転籍した子どもたちの背景には、通常学級に来づらくなっていたり、授業に参加できないような不適応状態にあったことを報告している。

　金丸ら（2019）では、独自の計算式を開発して、転籍率の推移を調べた。その結果、図1に示すように、転籍率の推移が明らかになった。なお、この転籍率は、当該年度に小学校1年生に入学し、6年生で卒業するまでの集団における転籍した割合を示している。転籍率は、U字型曲線を描いていた。1968年度から1980年度までは転籍率は減少し、19980年度から1991年度までは、0.2％程度で維持されていた。しかし、その後、転籍率は上昇し、2013年度には1.26％まで上昇していた。近年のこの転籍率の数値は無視できない。なぜなら、2013年度に小学校入学した集団における、特別支援学級の在籍率は2.18％、特別支援学校では0.71％である。2013年度入学生の転籍率が1.26％という数

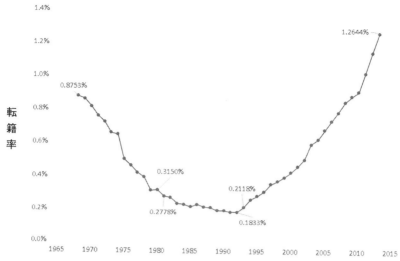

図1　1968-2013 年度における小学校通常学級在籍児童の転籍率（金丸ら、2019）

字は、少なくない特別支援学級・学校在籍児童が、小学校入学時点ではなく、小学校時期のどこかのタイミングで特別支援学級もしくは特別支援学校に籍を移動させていることを意味するからだ。

　さらに、独自の計算式を開発して、それぞれの入学年度集団ごとに、学年別転籍率の推移について算出した。その結果を図2に示す。図2からわかるように、転籍率が減少・維持している 1968 年度から 1992 年度にかけては、主に小学校2年生や3年生で減少するものの、それ以降に大きな変化はない。低学年で特別支援学級・学校への転籍はおこるものの、高学年では転籍には起こりにくいことがわかる。一方、転籍率が上昇する 1993 年度以降になると、図2からも明らかなように、転籍がどの学年でも起こっていることを意味する。すなわち、1970 年代、80 年代と異なり、高学年になっても通常学級から特別支援学級・学校への転籍が発生している。

　図1・2に示される結果は、（1）1990 年ころから転籍が増加していること、（2）転籍の時期がどの学年においても起こりやすくなっていること、とまとめることができる。この事実は、以下の2つを示唆する。1つは、通常学級が、近年になるほど、障害児の包摂が困難になりつつあることである。もちろん、

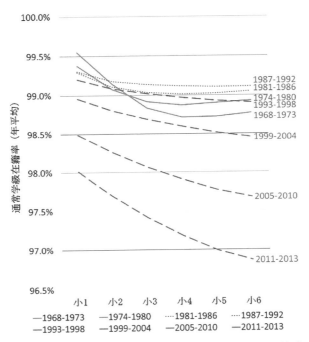

図2　1968-2013年度にわたる1年生から6年生の在籍率の推移（赤木ら、2019）

2000年代以降に注目されるようになった発達障害児の増加もあって、単純に、通常学級側だけに問題を帰すことはできない。さらに、保護者・子どもの特別支援学級・学校に転籍することへの心理的ハードルが、時代を追うごとに下がったといった要因もあるだろう。ただ、これらの要因を差し引いても、通常学級が、知的な遅れのない子どもたちを包摂できるのであれば、しかも、1993年度以降、通級による指導も開始されて通常学級で学べる制度は不十分であれできつつあることを考慮すれば、通常学級における包摂困難の強まりが考えられる。

　もう1つの示唆は、インクルーシブ教育を検討するうえでの論点を提起することである。具体的には、「特別支援学級・学校の存在がそもそも問題なのか」「隔離された教育制度が問題なのか」が論点ではなく、「障害児を包摂しえない

通常学級とはなにか」「通常学級をどう改革しうるか」が中心的な論点として提起される。なぜなら、現行の通常学級の制度や授業づくりが継続される限り、「分離された特別教育」を停止し、障害児が通常学級に在籍したとしても、包摂されない状況が続くことが強く予想され、結果として、障害のある子どもたちが学校での居場所をなくす事態になりかねないからだ。

　インクルーシブ教育を進めるにあたってまず問うべきは、分離・隔離が指摘される制度そのものではなく、分離・隔離を進行せざるをえない通常学級のあり方である。

III.　通常学級が障害児を包摂できなくなりつつある要因

　通常学級が、障害のある子を包摂できなくなりつつあるのは、なぜだろうか。様々な要因がありうるが、大きな要因として、現行の教育制度の影響が大きいだろう。学級定員 35 名ということ自体が、学習・生活に困難を抱える子どもを丁寧に理解、指導することを難しくしている。また、通常学級に障害児が学ぶ場合、特別支援教育支援員が配置される。しかし、この特別支援教育支援員を雇用する財源は、使途を特定しない交付税措置のため、安定して配置できるわけではなく、かつ、自治体によって配置状況に差がある。さらに教員免許を必ずしも必要としないなど、その専門性は、脆弱な状態にある。このような貧困な教育条件下で包摂をめざすこと自体が、「無理ゲー」である。

　そのうえでとなるが、教育条件という「ハード」な条件だけでは説明がつかないのも事実である。なぜなら、例えば、一学級の定員の多さだけが問題であれば、へき地にある小中学校では、包摂が進み、特別支援学級在籍児が少なくなる、もしくは増加しないことが予想される。しかし、二宮・西田・服部（2017）が明らかにしているように、へき地率が 100％である根室管内の小中学校においても、2005 年度からの 2016 年度までの約 10 年間で、特別支援学級の在籍児が倍増している（ただし通級指導に通う子どもも含まれている）。また自閉・情緒学級が特に増加しているなど全国的な動向と似ている。

　この事実は、教育条件を基底要因としつつも、それだけでは説明がつかない「ソフト」な要因があることを示唆する。要因の一つとして、教師がどのよ

うに障害児を理解し、かつ、障害児を含めた授業づくりを行おうとしているのかといった要因が関係している可能性がある。特に本稿では2つの要因をあげる。

　1つは、「同じ」を重視した生活規律・学習規律の強まりである。コロナ禍直前の時期に、小学校教員から次のような話を聞いた。職員会議で、「最近、子どもたちの私語や授業時間に遅れることが多い。だから体操服のシャツをズボンに一律にちゃんといれるよう指導を徹底しよう」という提案がなされ、会議で承認されたそうだ。シャツをズボンに一律にインすれば、なぜ私語がおさまるのか、その関連は不明である。ただ、ここでは両者の関連についての科学的エビデンスの有無を問題にしたいわけではない。そうではなく、「私語」と「一律にシャツをズボンにイン」の間に関連があると職員会議で一致する（少なくとも批判がでない）教職員の認識に注目したい。「みな同じ」ようにする生活規律が、子どもを「よく」するという素朴な教育認識が根底にあるのだろう。学習規律も同様である。その1つが、「グー、ピタ、ピン」のように姿勢を統一して、学習への構えを形成しようとするものである。また、机上の文房具の配置についても、「机上の右には鉛筆」「机上の前側には消しゴム」など置き場所を明確にすることを求めることがある（赤木、2017）。このような学習規律を徹底すれば、学習へのかまえがよくなり学級崩壊を防ぐという素朴な教育認識に基づいている。実際、前岡・赤木（2022）の教員を対象とした調査研究からも、学習規律を一律に徹底する教員の信念の根強さが実証的に明らかにされている。

　また、個々の教育の認識だけではなく、このような生活規律・学習規律の徹底は「授業スタンダード」と意味づけされて、官製研修に採用されるなど、公的に受容されつつある（澤田・木場、2019）。このような生活規律・学習規律の強化が進む背景には、ベテラン教員が少なくなったために、若手教員に対して授業技術の継承がなされにくくなり、その代替策として授業スタンダードが採用されることが指摘されている。このように、授業スタンダードが採用される理由は理解できる側面はある。しかし、このような「よかれ」と思った取り組みが、包摂されにくい子どもを生み出すことにもなりうる。例えば、姿勢保持を継続するのが特性上困難なADHDの子どもは、授業場面での姿勢を一律

に画一化されることにより、「落ち着きがない」という行動がより顕在化・可視化されることにつながる。実際、加茂（2023）は、通常学級から特別支援学級に転籍した児童が、学習・生活規律の厳しさを自らに言及した事実を紹介している。もっとも、皮肉なことに、同一性の規律に適応した子ども・教師にとっては、むしろその教室内は適応しやすい。その結果、適応しにくい子どもは、特別支援学級に行ったほうが「よい」とみなされ、排除としての転籍が進行する。

　2つは、「同学習内容」「同学習進度」を前提とする学習内容の影響である。苫野（2019）が繰り返し指摘するように、通常学級に在籍する子どもが、一律に同じ学習内容を同じ速度で一斉に学ばざるをえないことに排除の根がある。通常学級に在籍する障害児、特に知的障害児（境界性知能の子どもも含む）が、生活年齢に規定された学習内容を理解するのは現実的に困難である。そのことが、不適応につながり、結果として、特別支援学級などに行かざるをえない状況、もしくは、そもそも学校に通うことができない状況が出てくる。

　この2点に共通するのは、通常学級に在籍する児童は、生活年齢が同じであることを差し引いても、学習・発達が多様であるという事実を踏まえないまま、生活規律・学習規律を強めて集団を包摂しようとし、かつ、無理な条件のなかで、同一学習内容・同一進度のもとで学力を向上させようとするがゆえに、転籍に示される排除を進行させている事実である。

IV. 通常学級における包摂困難への取り組み

　もっとも、通常学級における包摂のされにくさに対して、何も対策がとられていなかったわけではない。むしろ、様々な取り組みが行われてきた。大きくは2つの方略にわけることができる。

　1つは、授業デザインを改善することで、多様な子どもたちを包摂しようとする取り組みである。2000年代後半ころから提起されてきた「ユニバーサルデザインに基づく授業づくり」がその典型である。2017年当時、UD学会HP上で「授業のユニバーサルデザイン（以下授業UDとする）とは「特別な支援が必要な子を含めて、通常学級の全員の子が、楽しく学び合い『わかる・でき

る』ことを目指す授業デザイン」と定義がなされていた（赤木、2017）。なお、2023年8月時点では、『わかる・できる』に加えて『探究する』が追記されている。特に、授業デザインにおいて、「焦点化」「視覚化」「共有化」が重視されている（桂、2011）。「焦点化」とは授業のねらいや活動をしぼること、「視覚化」とは、視覚的な手がかりを効果的に活用すること、「共有化」は、話し合い活動を組織化することを重視している。もっとも、現在はこれらの視点以外にも様々な具体的な指導が展開されているが、重要な考え・指導方法の1つとなっている。

　もう1つは、多様な子どもどうしのやりとりの機会や質を高めることで、包摂を実現しようとする方略である。その代表として、大空小学校の取り組みがあげられる。大空小学校では「すべての子どもの学習権を保障する」という理念のもと、特別支援学級に籍をおく子どもも含めて、みんなが通常学級で学ぶ点に特徴がある。特別支援学級担任も通常学級に入りこみ、特別支援学級在籍児の学習をサポートしたり、子どもたちのやりとりをサポートする。その背景には、障害というくくりで子どもを見ずに、それぞれの子どものニーズ（困りごとやがんばっていること）から出発して教育を構想する（木村・高山、2019）。通常学級ですべての子どもが学ぶことを目指すフル・インクルーシブ教育の形態の1つといえる。

　授業UDおよび大空小学校の取り組みは、通常学級の包摂を考えるうえで重要な方針を示す。しかし、赤木（2021）が指摘しているように、両者の取り組みは十分でない点もある。赤木（2021）の指摘は2つにまとめられる。1つは、知的障害児の学習権保障について十分に言及されていないことである。当該学年の学習内容の理解が難しい知的障害児の学びのありかたの実際については、「どの子にも」と言いつつも十分には報告されていない。前者については、「通常学級全員の子」を対象としているが、通常学級で学ぶ子どもの対象を具体的には規定していない。そのため、話し言葉のないような知的障害児が在籍した場合にも、「わかる・できる」を目指すのか、そうではなく特別支援学級・学校への籍を進めるのかについての基準が明確ではない。対照的に、後者では、どんな障害のある子どもも（そもそも障害というカテゴリーを重視せずに）、通常学級で学ぶことを重視している。しかし、知的障害の重い子どもが、どの

ように学習を進めているのかについて具体的な報告が少ない。通常学級における包摂を考える場合、障害の重い子を中心に、学習権の定義や内容も含めて、いまだ十分議論が足りないと考えられる。

　2つは、両者とも、既存の授業の枠組みを前提としていることである。もちろん、大空小学校では、縦割り集団による「全校道徳」なるものを提案したり、授業UDでは、深い学びのあり方などを検討している。しかし、これらの提案に言及される機会・分量は少ない。大空小学校では、国語や算数の教材研究などを通して、どの子の学習権を保障するという言及は少ない。級友や教師との人間関係を組織することで包摂しようとする傾向がみられる。また、UD授業についても、やはり「わかりやすさ」を優先した教育技術が中心となっているのは否めない（赤木、2017）。

　この両者の根底にあるのは、授業内容や学級集団、時間割などカリキュラムの変革についての言及の少なさである。これは前節で検討した「同じ」学習・生活規律および「同じ」学習内容・進度について十分検討されていない今の通常学級全体の問題に通じる。

V.　通常学級の漸進的改革にむけて

　通常学級においてどのような包摂方略が新たに構想できうるのだろうか。教育制度・教育条件の改善のような長期的な構想ではなく、現状の通常学級の条件・状況から、漸進的にどのように包摂できるのかについて検討する。そういう意味では「通常学級の改革」というよりも「通常学級の漸進的改革」というほうが適切だろう。大きな改善ではないが、インクルーシブ教育が、通常学級の改革のプロセスととらえられていることをふまえれば、現状からの改革・改善を検討することに意味はあるだろう。2点、提案を行う。

1.　規範の弛緩と創出

　1点目は、学習規律・生活規律という規範を完全には無視するのではなく、その規範を前提としつつも、その規範を弛緩させ、かつ、規範自体のありかたを新たに創発させていくような取り組みである。規範とは、一般的には、「〜

である」と記述される事実命題に対し、「〜すべきである」と記述される命題ないしその体系を指す。弛緩とは「〜すべき」の「べき」にあてはまらない例外的事象を少しずつ規範の体系のなかに取りこんだり、曖昧にするプロセスを指す。教師にとっては、障害のある子の障害自体が問題ではなく、学習規範・生活規範の枠から逸脱する状況が問題となる。なぜなら、「落ち着いて座り、姿勢を正して先生の話しを聞く」ことが規範となっていた学級のなかで、「そもそも落ち着けない。しかし、話を案外聞いていることも多い」ADHDの子どもが在籍することは、既存の安定した規範の範疇に入らない。それゆえ、学級秩序が崩壊する恐れを教師は感じるのだろう。だからこそ、授業スタンダードのような学習・生活規律という既存の枠組みを維持・強化することになりうる。結果、規範の再生産的強化につながる。

　このような傾向への対抗軸として、学級規律・生活規律の規範を弛緩させつつ、新たな規範を創造していく取り組みを提起する。赤木は、このような視点から、エピソード的ではあるがいくつかの取り組みを報告している（赤木、2022、2023a、2023b）。例えば、小学校・理科専任教師による「教室内仮装」があげられる（赤木、2022、2023a）。教師は、ハロウィンの時期に、理科教室内に設置されている人体骨格模型（いわゆる「骸骨」）に、ハロウィン風の仮装をさせた。そのうえで、教室に、マントやマスク、カチューシャなど多種多様な仮装グッズを準備し、子どもたちが理科の授業中に、それらをつけて授業を受けてもかまわないし、受けなくてもかまわない、という「教室内仮装」という取り組みを行った。当然、この取り組みが直接的に授業内容の理解を深めることは全くない。この取り組みのねらいは、服装の多様性を教室空間にあえて創りだすことで、「同じ服装」や「学校らしい服装」で授業を受けるものだという規範を意図的に弛緩させている。そして、どのような服装で授業を受けてもかまわないという新たな規範を創出しようとしている。さらに、仮装グッズをつけるかどうかという選択自体が、既存の学校文化の枠組みから考えれば、「どうでもいい」という無価値な点に注目できる。通常、児童の選択は、学習内容を選ぶことで、動機づけを高めるなど、価値ある目的を内包している。しかし、「仮装グッズをつけるかどうか、およびどのような仮装グッズをつけるか」という選択は、既存の学校規範のなかでは「どうでもよい・どちら

でもよい」という無価値なものである。だからこそ、既存の規範を脱臼させる
意味あいも有する。もっとも、学習規律自体がなくなっているわけではない。
仮装グッズが入った箱には、「使ったらちゃんと戻します」という説明事項が
記載されており、学習・生活規律は示されている。

　規範の弛緩と創出という包摂方略を提起するのは、子どもたちにとって、教
室内での居やすさにつながるからである。臨床心理学者の東畑（2019）は、「い
る」という意味を、その場に慣れ、そこにいる人たちに安心して、身を委ねる
ことだと指摘する。そして、「いる」は、傷つけないというケアと共通してい
るとする。東畑（2019）の指摘を踏まえれば、教室内仮装の取り組みは、子ど
もたちにとっての居やすさを担保する。「仮装をしても OK」というメッセー
ジは、服装だけにとどまらず、同一性という規範の弛緩につながる。既存の規
範から逸脱せざるをえない児童、既存の規範に苦しんでいる児童にとって、こ
の弛緩は、安心感をもたらすだろう。同時に、「仮装してもしなくてもどちら
でもよい」という選択の無価値さは、学校の意味化圧力という規範からの弛緩
につながる。学校は、学習の場だけではなく生活の場でもある。生活の場とは
意味を問われない場である。この「どちらでもよい」無価値の選択も、教室へ
の居やすさにつながるだろう。結果として「多様性」「無価値でもよい」が新
たな規範の創出につながっている。

　もちろん、規範の弛緩と創発は、教師が意図的に組織化するだけではない。
障害児も含めた子どもたちの逸脱行動・問題行動が、教室内に実は存在してい
た非包摂的な学習規律・生活規律を可視化するとともに、教師の働きかけに
よって、それらの規範が弛緩し、そこから新たな規範が立ち上がることもあり
える。例えば、石垣（2011）は、算数の学習に困難を抱える児童に計算機を渡
したところ、他の子どもから「ずるい」という声があがった事例を報告してい
る。計算機を使うことは「逸脱」的な行為にうつる。そのような際に、石垣
（2011）は、「計算機を使いたい人はみんな使ってよい」ことを伝え、同時に検
算のときに全員に計算機を使う対応をしている。本実践は、「みんな同じ形式
で学ぶ」という子どもたちの暗黙の規範を「どちらでもよい」と弛緩させ、同
時に自分が望む形式で学んでよいこともあるという新たな規範を創り出させて
いる取り組みと考えられる。今後は、これまでの実践を規範の弛緩と創発とい

う視点から再解釈することで、新たな視点から、通常学級におけるインクルーシブ教育の方向性を提起することが求められるだろう。

2. 学力・特性の多様性を前提とした授業づくり

2点目は、通常学級で様々な学力・特性を有する子どもが在籍することを前提とした授業づくりである。もちろん、前述したように、ユニバーサルデザインに基づいた授業づくりに代表されるように、多様な子どもを包摂する授業づくりは開発されてきた。ただ、その多くは、学級内で同一内容・同一進度の学習を前提としてきたし、その限界は指摘されてきた。そこで、ここでは、同一内容の学習をみなで同じ進度で学ぶことを前提にしない授業づくりのありかたについて論じる。実践的には、この10年で、日本においても、先駆的な取り組みがみられるようになっている。注目できる流れの1つに、イエナプランを意識した授業づくり・学校づくりがあげられる。リヒテルズが、オランダのイエナプランを日本に紹介し（リヒテルズ、2006）、インクルーシブ教育の文脈としてもこの数年、積極的に受容されるようになった。イエナプランの特徴は、「全ての人を人間として尊重し、ともに生きることを重視する理念や、基本的に3つの年齢からなる学級（groep; 以下、グループ）編成、対話・遊び・仕事（学習）・催しといった基本活動がリズミックに行われる教育実践」（奥村、2023、p.1）にある。異学年集団を意識的に取り組むなどして、多様な学力・特性の子どもたちが、自分たちの興味・関心に学ぶことを志向する教育である。2019年度に学校法人茂来学園大日向小学校や、2021年度に福山市立常石ともに学園（小学校）が、一条校として設立されている。また、イエナプランではないものの、異年齢集団における探究学習を重視する私立学校軽井沢風越学園も、2019年度に開校されている。

これらの学校づくりに共通するのは、第一に、障害児に注目した取り組みというよりも、学校教育のありかたそのものを変えていく文脈のなかでおこなわれており、その1つとして障害児などマイノリティの子どもも包摂するよう動きになっていることである。窪島（2019）が指摘するように、インクルーシブ教育は、障害児教育の範疇ではない。通常教育学の範疇である。このような流れは、インクルーシブ教育を、通常教育学の文脈で検討していくうえでも歓迎

すべきことだろう。第二に、一条校として学校が設置されていることである。このことは、学習指導要領に即したとしても、異学年集団など柔軟な集団編成や、個別に探究学習を進めるなど柔軟なカリキュラムを設定することが可能であることを意味する。一般的に、「学習指導要領のしばりがあるため、従来通りの同学年集団編成や一斉授業を行う必要がある」という素朴信念がある。しかし、これらの学校の設立は、私たちが考える以上に、カリキュラムは自由であり、かつ、多様な子どもたちを包摂する授業の枠組みが構想できることを示唆している。

　さらに、同一内容を一斉に学ぶ授業とは違う形で、障害児を包摂しようとする授業づくりについて、実証的に検討した研究もみられるようになってきている（古村、2021）。古村（2021）は、通常学級において、『学び合い』や自由進度学習など、一斉授業とは異なる授業形態のなかで、知的障害児が、通常学級のなかでどのように参加し、学習をしているのかに注目して、継続的な参与観察を行った。その結果、自分の理解にあった学習に取り組んだり、学習を介して級友とのやりとりが見られたことを報告している。ただ、このような視点からの授業づくりや、新たな授業の枠組みの中での子どもの学習・発達の変容を実証的に研究したものは少ない。今後の課題である。

3. 包摂することで生成される排除

　もっとも、このような包摂の取り組みが進んだとしても、すべての子どもを包摂するような通常学級の教室は難しいだろう。倉石（2021）が指摘するように、排除された子どもを包摂するような枠組みができていくと同時に、その包摂のなかから新たな排除が生成する可能性があるからだ。例えば、異年齢教育が、これまで排除してきた子どもたちを包摂しえたとしても、その異年齢教育だからこそ適応しにくい子どもたちも、出てくる可能性はある。加えて、ここまで述べてきたように、漸進的に通常学級の改革・改善を進めたとしても、重症心身障害児など心身ともに障害の重い子どもたちの場合、通常学級で学べるのかについては、検討の余地がある。

VI. おわりに：結果としてのインクルーシブ教育

　本稿では、通常学級における障害児の包摂方略について検討してきた。具体的には、(1) 既存の学級規律・生活規律をもとにしながらその規範を弛緩しつつ、創発していくこと、(2) 通常学級で学ぶ子どもの学力・特性から出発するような授業・学校づくりをめざすこと、の2点である。そして、この2点の包摂方略に共通しているのは、障害児を含めたどの子も、安心できることであり、かつ、安心できる空間のなかで学びを深めようとすることができることを重視していることである。このような取り組みの結果としてのインクルーシブ教育の実現だといえる。障害者権利条約に記載されている障害児の最善の利益（第7条）や、障害者が最大限発達すること（第24条）を保障しようとした志向性が根底にある。

文献

赤木和重 (2017) ユニバーサルデザインの授業づくり再考 教育，853, 73-80.

赤木和重 (2021) インクルーシブ教育：「みんなちがって，みんないい」の陰で　石井英真（編）流行に踊る日本の教育　東洋館出版社 (pp.121-143)

赤木和重 (2022) やわらかキョウイクアタマ（第9回）ハロウィンですよ！教職研修，604, 62.

赤木和重 (2023a) やわらかキョウイクアタマ（第13回）「どっちでもよい／どうでもよい」という選択肢　教職研修，608, 58.

赤木和重 (2023b) やわらかキョウイクアタマ（第17回）ヒーロー 教職研修，612, 60.

赤木和重・郭 旭坤・挽本 優・前岡良汰・呉 文慧・金丸彰寿・大塚真由子 (2019) 小学校時期における「転籍」に関する定量研究(3)：1968-2013年における小学校通通常学級の「在籍率」の推移　日本特殊教育学会第57回大会発表論文集

井上昌士（代表）(2010)「知的障害者である児童生徒に対する教育を行う特別支援学校に在籍する児童生徒の増加の実態と教育的対応に関する研究」独立行政法人国立特別支援教育総合研究所

石垣雅也 (2011) クラスの子どもたちや，教師集団の理解をどうつくっていくか–通常学級における特別支援　障害者問題研究. 39, 68-71.

加茂 勇 (2023) 私達抜きに私達のことを決めないで：肢体不自由と発達障害の子どもの声から　教育，929, 30-37.

金丸彰寿・呉 文慧・郭 旭坤・挽本 優・前岡良汰・大塚真由子・赤木和重（2019）インクルー
　シブ時代の「転籍」に関する定量研究(2)：1968-2018 年における小学校通常学級在
　籍児童の「転籍率」の歴史的変遷 日本特殊教育学会第 57 回大会発表論文集

桂 聖（2011）国語授業のユニバーサルデザイン　東洋館出版社

木村泰子・高山恵子（2019）「みんなの学校」から社会を変える：障害のある子を排除
　しない教育への道　小学館新書

古村真帆（2021）通常の学級における知的障害特別支援学級在籍児童の授業参加：『学
　び合い』・自由進度学習を取り入れる学級の事例研究―　SNE ジャーナル，27, 97-
　117.

窪島 務（2019）発達障害の教育学：「安心と自尊心」にもとづく学習障害理解と教育指
　導　文理閣

倉石一郎（2021）教育福祉の社会学――〈包摂と排除〉を超えるメタ理論　明石書店

前岡良汰・赤木和重（2022）小学校教師は授業スタンダードを採用したいのか：自
　校児童の授業スタンダードに対する調査結果を踏まえた検討 心理科学，43(2), 106-
　115.

二宮信一・西田めぐみ・服部健治（2017）へき地の特別支援教育を担う教員の意識変
　化及び力量形成過程：若手教員の語りを通して　へき地教育研究，72, 65-74.

奥村好美（2023）オランダのイエナプラン教育における教師の指導性　教育方法の探
　究．26, 1-8.

リヒテルズ直子（2006）オランダの個別教育はなぜ成功したのか イエナプラン教育に
　学ぶ　平凡社

澤田俊也・木場裕紀（2019）市区町村教育委員会による「授業スタンダード」施策の
　現状と課題：位置づけ，内容，活用方法に着目して　日本教育政策学会年報，26,
　128-144,

苫野一徳（2019）「学校」をつくり直す　河出書房新書

東畑開人（2019）居るのはつらいよ：ケアとセラピーについての覚書 医学書院

鶴宮 慶（2022）通常の学級在籍児童の特別支援学級への転籍に関わる教師の認識と方
　略：教師と保護者の合意形成のプロセスに着目して　早稲田大学大学院教育学研究
　科紀要・別冊 30 (1), 157-168.

SNE ジャーナル，29(1)，2023，75−95

原　著

知的障害教育における職業教育と
キャリア教育の関係性に関する歴史的検討

立田　祐子

(北海道大学大学院教育学院 博士後期課程)

　本稿は、知的障害教育における職業教育の形成過程を歴史的に分析し、キャリア教育との関係性について明らかにする。知的障害教育においては戦後から現在に至るまで、自立をキーワードに取組まれてきた。戦後間もないころは自立＝職業的自立を目標とした教育が行われ、その後、職業生活に対する態度をつくることに重点が置かれるようになった。養護学校の義務制以降は、障害の重度・重複障害の生徒に対応した生活年齢と発達年齢に考慮した作業学習の展開が求められるようになった。自立の考え方も広義なものになり、自己選択・決定が知的障害教育を推進する上で重要なキーワードになった。2009 年に特別支援学校学習指導要領にキャリア教育の文言が明示された。知的障害教育におけるキャリア教育の導入は、知的障害教育が従来からの生活に根差した経験を重視しながら、生徒たちが自らの思いや願いをいかに形成し将来の生活に結び付けることができるように支援するためのツールであり学校改革の一助になるものである。

Ⅰ．はじめに

　本稿の目的は、知的障害教育における職業教育の形成過程を歴史的に分析し、職業教育の展開過程で登場したキャリア教育との関係性を明らかにするこ

キーワード

知的障害教育　education of intellectually disabled

職業教育　vocational education

キャリア教育　career education

とによって、知的障害教育の今後の展望と課題を見出すことである。

　わが国の知的障害教育について、渡邊（2002）は「米国主導の教育転換、民主主義的教育の施行、教育実践による手応え等を背景に、知的障害児の教育は経験や職業教育を重視する教育に進んでいった」[1]と述べている。

　第二次世界大戦後（以下、戦後）の混乱期から現在に至るまで絶えず社会的・経済的変動の影響を受けながら知的障害教育の職業教育は実践されてきた。養護学校教育の義務制、養護学校高等部への入学希望者の受け入れや、ノーマライゼーションの理念の浸透、サラマンカ宣言（声明）、障害者総合支援法の制度化、障害者権利条約、特別支援教育の制度化など国内外の障害者に対する福祉や教育の影響のもとで、障害者観や障害のある生徒の特別支援学校高等部の卒業後の進路先にも変化を生じさせてきた。なかでも、職業教育は知的障害教育において当初から今日まできわめて重要な位置づけがされてきた。

　文部省は、職業教育とは「特定の職業に就くために必要な知識、技能及び態度を身に付けさせようとするものであり、現在の学校教育制度の中では主として高等学校や専修学校・各種学校の職業教育に関する学科の教育を指している」[2]（1995）と述べている。

　一方、文部科学省は、2009（平成 21）年告示『特別支援学校高等部学習指導要領』でキャリア教育の推進を掲げた[3]。キャリア教育とは「一人一人の社会的・職業的自立に向け必要な基盤となる能力や態度を育てることを通して、キャリア発達を促す教育」[4]（2011）のことである。

　本稿では、知的障害教育における職業教育の形成過程を歴史的に分析することによって、2009（平成 21）年に登場した職業教育との関係が深いキャリア教育との関連性を明らかにする。

　そのために、①知的障害教育に職業教育が登場した背景、②職業教育と作業学習の関連性、③キャリア教育の背景と捉え方、の３つの観点からこの問題にアプローチする。

　その結果、近年の知的障害教育における職業教育の多様な取組みや変容を、新たなキャリア教育に位置付けることによって、今後の新たな展望を明らかにする。

　「障害」の表記について、本稿では「知的障害」とするが、その当時の制

度・政策や論文で使用された歴史的用語をそのまま引用する。

Ⅱ．知的障害児における職業教育の成立と変遷

1．戦後における知的障害教育の模索

　わが国の戦後初期の知的障害教育について、小出（1979）は「学年段階を下げた指導内容を、やや丹念に、繰り返し指導しようとする、いわゆる普通教育の『水増し教育』的性格が顕著であった」[5]。このような中で、「精神薄弱児童・生徒の特性を積極的に認め、精神薄弱教育独自の方法を、意欲的に探し求めるようになった」[6]と述べている。1947（昭和22）年4月学校教育法が施行され、義務教育は小学校6年・中学校3年の9年間になり、特殊学級は同法の75条に位置づけられ、新たに義務教育の場となった中学校にも、特殊学級が置かれるようになった[7]。1947（昭和22）年4月に精神薄弱児の「実験学校」として、東京都品川区立大崎中学校分教場（以下、大崎中学校分教場）が設置された[8]。大崎中学校分教場について、富岡（2001）は「生徒選定の基準も、IQ80から60と就職可能な範囲を基準」[9]と述べていることから、比較的障害の程度の軽い生徒を対象として受入れ、教育内容を検討していった。また、富岡（2001）は、当時の申請書の文言から「教育が生産と直結していること」[10]、「『教育の方針』として、『その教育は生活と生産に直結するものでなければならない』と結ばれていた」[11]と記している。大崎中学校分教場はのちに、東京都青鳥中学校、そして、わが国で初めての養護学校である東京都立青鳥養護学校（以下、青鳥養護学校）へと発展していった[12]。小出（1979）は大崎中学校分教場について「ここでの教育実践が、すくなくとも戦後前半期のわが国の精神薄弱教育の方法を方向づけることに、大きな役割を果たした」[13]、「東京都品川区立の大崎中学校分教場では、昭和23年度に、すでに校外学習を実施している」[14]と述べている。1947（昭和22）年〜1950（昭和25）年にかけて知的障害教育は、いかなる指導内容・方法が最適か、といった検討が行われ、学習の中核として生産と直結する内容の検討、実践が行われていた。三木（1953）は「遅滞児教育の二つの山は『生活教育』と『職業教育』であると思う。人間として、社会生活に参加していくためには、まず、自分の身の辺りの

仕末ができ、向かう三軒両隣の付き合いが出来、それに生計を立てていく職が得られることが必要である」[15]と述べている。また、三木（1969）は「精神薄弱教育においては、"読み、書き、算数"的なものには多くを期待することができず、また、彼らの将来については、自らの選択によって、どのような職業にでもつけるというわけにはいかないとすると、まず、明らかに就業の不可能なものを除き、どうにか就業できそうなものは何かを捜してみることが、考えを進めていく上で第一歩となる」[16]と述べている。

2. 青鳥養護学校の実践にみる職業教育

　名古屋（1996）は「青鳥中学校における学習活動の生活科・単元化の徹底は、総合単元『バザー単元』（昭和26年）を生み出すことになる」[17]と述べている。青鳥養護学校『研究紀要Ⅱ』（1962）では、1957（昭和32）年ころまでの取組みについて「一年間の行事を中心として、その中に具体的に肉体を駆使して体験を積み、時に偶然に左右されるが、必要な文字や数などの教育を具体的な場面でかく得させていこうという仕組みであった。一言で、経験カリキュラムと命名してもよいであろう。職業教育中心カリキュラムと命名する人もあった」[18]と述べている。『青鳥二十年』（1967）によると「バザー単元もしだいに整って『青鳥祭』という大単元に発展し、学校工場という新しい教育方法を生み出すことになった」[19]と記されている。

　大見川（2002）は「青鳥は学校工場方式を通じて、一般社会や産業界との接触が深まり、これらと学校体制の間に、要求間の矛盾葛藤が目立ち始めた。すなわち、教育側の教育的要求と、一般社会や産業側の社会的要求、とくに産業側の産業的要求の矛盾である。学校が如何に工場体系化しても、それはしょせん、たんなる教育的手段の一つに過ぎない。一般社会では、教育活動のプロセスはどうでもよく、学校工場方式によって産みだされた物品や労働力が社会的に通用する同様の価値、高能率性や高生産性、また品質の問題などを持っているかどうかが問題とされる。したがって、教育体制がこのような社会的欲求に応じようとすればするほど、教育と社会との間の厚い壁にぶつかる。しかし知的障害児の自立を達成するためには、その壁が如何に厚くても、乗り越えねばならない」[20]と述べている。

　学校工場方式の実践は、一般社会や産業界との接触が深まるといった効果があった。一方、学校と企業との要求に違いもあり、当時の実践に対しての苦悩も伺える。富岡（2001）は、戦後の知的障害児における教育目標について「まず、第一に彼等の社会自立にあった。当時の『社会自立』とは一般企業に就職し、『お金を稼いで』一人前に『生活をしてゆけること』をさしていた」[21]と述べている。また、「戦後の特殊教育における職業教育には、戦前と異なった知的障害児の社会自立に対する関係者のすさまじいともいえる執念が感じられた」[22]、「戦後は、中学校が義務制の最終課程になって知的障害児には教育制度上の受け皿は一切なくなった。中学卒業即就職、さもなければ在宅である。戦後も自営業という就職先はまだ残っていたが、ともかく中学校段階における職業教育は重要な教育課題であった」[23]と述べている。つまり、戦後、わが国の知的障害教育の学校教育終了後の目的は、富岡が述べているように「お金を稼いで、一人前に生活をしていけること」であり、そのために、職業的自立を図るための指導が重視されていた。職業的自立を図るための手段のひとつとして生産性の高い作業学習が実践された。小出（1979）は「昭和20年代後半になると、特に中学段階にあっては、労働的作業活動の教育的価値が、ますます高く認められるようになり、その位置づけは、一段と大きくなる」[24]、「学校工場方式とか校外実習（現場実習）方式などとよばれる、徹底した職業教育ないしは職業教育的色彩の強い生活主義教育の形態が出現する」[25]と述べている。職業教育ないしは職業教育的色彩が強い指導は生徒の進路先とも関連していた。

3. 荒川区立第一中学校にみる職業教育

　東京都教育庁指導部（1959）は「職業指導のない職業教育は無責任であるし、職業教育のともなわない職業指導は無力であるといわざるを得ない」[26]と述べ、学校工場方式は生産性、技術を身に付けるための手段として捉えられていた。ここでは、学校工場の意義を4点にまとめている。「①学校工場ではいつも強いモチベーションがかけられていて、自発性が誘発されているからあらゆる課題に対して解決しようという態度ができている、②そのために知的に不十分な場合は、他のあらゆる手段にうつたえてみる積極性があって思いがけない解決法を生み出す、③一方、複雑な社会のしくみ－それをある程度しらなけ

れば社会に出てつまらないことから不安定をきたす――を生徒の認知能力に合わせて非常に単純化し、しかもそのいくつかの部分を通過することによって、くり返し体験させることができる、④このような組織の中では、相当に程度の高い言語生活や数量生活が無理なく身についていく」[27]。加藤（1962）は、「一般的について社会的適応ということを教育することほどむずかしいものはない。何故ならば、それを抽象的に教えるということはできないからだ。やはり、具体的な、仕事を通して、経験の中から望ましい態度、習慣を作ることに力を入れなければならない」[28]、「徹底した職業教育行うとなれば、当然指導は具体的に現実的なものが要求されてくる」[29]と述べている。高田（1959）は「精薄児の職業教育の特徴は教科書を使用して教えることはできない。実際に働かせながら職業人としての適応性をのばすのだから、実習作業は生産を中心として工場化することほどのぞましい」[30]と述べている。こうして、知的障害教育では、実際の労働環境に近づけた職業訓練的な学習を職業教育と捉えた実践が展開されていた。

　1965（昭和40）年代に入り、職業生活にさらに重点を置く考え方もみられるようになった。三木（1968）は「精神薄弱者には、これこれの適職があるというように単純には決められない。また、職業につくには、むしろそれ以前に、重要な問題がある」[31]、「かつては特殊教育においても、学校時代に精神薄弱児に向くような仕事を授けて訓練をしておくことが大切とされ、その場合、どのような職種がよいかを考えることが問題であったが、学校時代に習ったことがそのまますぐ社会に出て役に立つものではないということになって、むしろ職業生活に対する態度をつくるということのほうに重点が置かれるようになってきた。どういう職種を訓練しておくかということよりも、職業生活に適応させていくにはどういう指導をすればよいかという問題として考えられるようになってきた」[32]と述べている。信末・郡司（1966）は「中学校における精神薄弱児の教育の中心となるものは職業教育・進路指導にあると思う。わずか3か年の指導で社会で自立していくだけの力をつけてやるためには、よほど能率よく指導の手順をきめ、抜目なく手を尽くさなくてはならない」[33]、「精神薄弱児においては職種の範囲も狭く、技術を身に付けたからといって必ずしもその技術を役立てて自立していくことは極めて困難である。それよりも真面目に

熱心に働く態度とか、人と協力する態度とかがきちんと出来ておればその能力に応じた社会的経済的自立がなんとか可能である」[34] と述べている。知的障害教育における職業教育は、就労するために技術だけではなく、仕事に対する姿勢や協調性を習得することも重要視されていった。

4. 北海道白樺養護学校開校にみる職業教育

1965（昭和40）年北海道北広島市に北海道白樺養護学校（現在の北海道白樺高等養護学校）がわが国初の知的障害特別支援学校高等部単置校として開校した。小笠原（1995）は「昭和40年に開校した白樺養護学校が、全国ではユニークな養護学校高等部の単置独立校として開校した」[35] と述べている。ユニークとは、当時、全国的に高等部は小・中、高等部が同じ校舎に設置されていたが、高等部が単独であったこと、卒業後の就労に向けた職業訓練的な学習を重視した教育内容であったことにある。『北海道教育史』（2005）によると北海道白樺養護学校設置構想には「①中卒時で就職困難な者に時間をかけて指導する②離職者への職場適応のための再教育の場を与える③高度職業的技術を与える④全道からの入学者への全寮制による生活指導をするものとの趣旨が盛り込まれている」[36] と記されている。また、北海道白樺養護学校（1966）は「青年中期の精薄児の教育は精薄児の特性（知能的劣弱）を配慮した指導、学習の具体化、作業化だけで十分ではなく、自己統制力（内的適応力）の伸長を重要な目的としたカリキュラムが編成されなければならない」[37] と述べている。単置高等部として誕生した北海道白樺養護学校は、高度な職業技術と青年期に配慮した教育を重視した職業学科であり、職業教育を重視した単置高等部の先端的なものであった。

5. 養護学校教育義務制実施と産業構造の変化と職業教育

1979（昭和54）年4月に養護学校教育の義務制が実施された。1980年に三木安正を座長とする特殊教育研究調査協力者会議が設置された。『心身障害児に係る早期教育及び後期中等教育の在り方（特殊教育研究調査協力者会議報告）』（1987）の冒頭で三木は「後期中等教育については、一般に心身障害児が障害のない者に比べ、社会的自立の困難性が大きいことにかんがみ、これに対

して、後期中等教育段階の様々な教育の場において、特に、職業教育を中心とした教育を行うことにより、可能な限り社会的自立を促すことが望まれる」[38]と述べている。一方、養護学校の義務化により重度・重複障害の生徒に対しての教育の在り方が検討されていく。大南（1987）は障害の重い生徒の社会自立について「社会自立を一般的な概念のみで捉えてしまうと、心身の障害の程度が重い生徒にとっては、非常にきびしい内容になってしまうのである。そこで、少し幅を広げて、『自分が所属する集団の中で、自分の持っている力を最大限に発揮できるあるいは、発揮しようと努力する状態』をも含むことと考えることとする」[39]と述べている。養護学校教育の義務制が実施された1970（昭和45〜昭和54）年代は、世界的な動向として国連総会において「精神薄弱者の権利宣言」（1971年）、「障害者の権利宣言」（1975年）が採択され、障害者の基本的人権と障害者問題に関する指針を示すなど障害者に対する理解・啓発が進んだ。このような世界的な動きの中で、わが国の障害者に対して自立の考え方にも変化が生じていった。これまでの自立＝職業的自立から広い意味での自立の捉え方に変化をしていく。松矢（2002）は1970年代中期から1980年代にかけて「職業教育の充実は特殊教育諸学校の共通の課題とされてきたが、養護学校高等部では生徒の重度化傾向が進むにつれ、企業就職者の割合は急速に低下した」[40]と述べている。

　養護学校教育の義務化に伴い、障害の重い生徒の教育が保障されるようになった。それに伴い、義務教育終了後の高等部入学の問題や障害の重い生徒の進路先との関係において職業教育のあり方に変化がみられるようになる。八幡（2009）は「1970年代後半になると、本人による進路の選択・決定を重視するという考えがみられるようになった」[41]「義務制実施以後、障害の重い子供が増えており、彼らを対象にした実践が行われる中で、進路指導が多様化していったと推測された」[42]、と述べている。1980（昭和55）年から2000（平成12）年にかけて、福祉的就労への進路の比率は上昇をしていった[43]。また、文部省（1996）は「高等部の整備が進むにつれて、障害の程度にかかわりなく、養護学校中学部卒業者の多くが高等部に進学するようになり、それに加えて、中学校特殊学級の卒業者も、養護学校高等部に進学するようになった」[44]と述べている。森脇（2011）は1987（昭和62）年から2007（平成19）年まで

の特別支援学校高等部（知的障害）卒業者の職業別就職者の推移を図で示し「近年の経済状況の低迷や産業構造の変化は、知的障害のある人の就労にも大きな変化をもたらし、大都市圏においては製造業への就職からサービス業や物流関係、事務関係への就労が大半を占める」[45) こと、「産業界の変化に対応できる人材の育成が求められる」[46) とし、「物づくりを中心に取り組んで聞いた従来の職業訓練的作業学習では十分に対応できない状況が生まれてきた」[47)、「全国の特別支援学校においても、現在の社会の現状や産業構造の変化に対応した人材の育成を目指す教育課程の改善や、作業種目の見直し、学習内容の工夫がなされてきている」[48) と述べている。社会の変化に対応をした職業教育が求められるようになった。

Ⅲ．職業教育と作業学習

　田村（1960）は「職業教育と作業指導とが混同されていることが多いのではないか」と危惧し、「特殊学級で竹細工とか［中略］そういったものを作って職業教育といっていることがあります」[49)、「職業教育というものは、社会の経済機構に何らかの形で入っていくことを目標としている、つまりどんな職業であれ社会人として食っていけるようにするというめあてがはっきりと自覚されているときに職業教育という」[50)、「作業指導は予備的ではあっても、それだけでは直に職業教育とはいえない」[51) と述べている。大南（1987）は「『作業学習』という用語が、精神薄弱教育において使用され、一般的になったのはそれほど古いことではない。職業教育、職業指導という用語は、それ以前から学校教育で使われてきたものである。また、ある時期には、作業学習、職業教育、職業指導という用語が、それぞれの意味、内容を吟味されないまま混同して使われてきたことも否定できない」[52) と述べている。また、大南（1997）は作業学習、職業教育、職業指導の用語の意味、違いを次のように整理している。作業学習とは「領域・教科を合わせた指導の形態の一つであり、作業活動を学習の中心に据え、児童・生徒の働く力ないし生活する力を高めることが意図されている」[53)、職業教育は「将来、従事しようとする職業の方向が決定している者に対する職業準備教育を指すものである。中学校における技術・家庭科教育

のように職業に関係のある技術教育を行っていても、それが将来の進路（就職先）にかかわりなく、すべての生徒に対して一般普通教育として指導される場合には、職業教育よりはむしろ職業前教育と呼ぶ方が適切である」[54]、職業指導について「職業紹介機関で行われるものと、学校教育で行われるものとに大別できる。前者は、就職する者に対し、その者に適当な職業の選択を容易にするよう指導助言する活動であり、［中略］後者は、生徒指導の一部として、全生徒を対象に、最終学年だけではなく在学する期間にわたって行うべき教育活動であるとされていたが、その目標が、職業指導にはふさわしくないことから、現在も一般に使われている進路指導に改められた」[55]と述べている。八幡（2000）は「『作業』の教育的意義について、1951 年に西谷三四郎は『作業教育』、三木安正は『職業教育』という用語を使って述べている。両者は、『作業』を社会的自立との関連で重視している点で共通していた。しかし、西谷は手の働きが心身両面に影響を与えることを強調し、全般的な学習活動の向上を唱っているのに対して、三木は職業と生活とを結びつけて『職業的生活教育』ととらえ、態度面を重視して技術や知識の教育を二の次においていた」[56]。また、「現場教員対象の専門誌『精神薄弱児研究』に掲載された『作業』の実践報告から、三木の考え方が優位であったことが伺える」[57]と述べている。つまり職業的自立を図るための作業といった考え方が優位であり、実際の労働環境に近づけた職業訓練的な作業学習が学校現場の主流であったと考えられる。

　知的障害教育では、生活を重視した学習活動が展開されており、各教科等を合わせた指導である作業学習は特別支援学校中学部、高等部における代表的な指導形態である。文部省（1995）は作業学習について「生活単元学習と同様に領域・教科を合わせた指導の形態であるが、その概念規定は必ずしも一般化されていなかった」[58]、次に、作業学習のねらいについて「その結果が直ちに将来の進路に直結するものではなく、働く力ないし生活する力を高めることを意図し、そのための必要な一般的な知識、技能及び態度を身に付けさせることにある」[59]と示している。高等部においては、「当初は中度〜軽度の生徒が中心であったが、昭和 60 年度に入り一部の地域では、重度の生徒も入学してくる」[60]ようになったことから、作業学習は①職業・家庭科の内容を重視し、勤労観や職業観を培うことを重視したもので、将来の職業とは直結するものでは

ないこと②障害の重度、重複のある生徒に対しても生活年齢を考えた有効的手段であると考えられていたと推察する。そのため、作業学習において作業種や題材の選定、作業工程を工夫することで「働く生活」への素地でもある、学習に取組む楽しさや、できる喜び、役割などを学ばせるものであり、これらの力を身に付けることが生活する力につながるものと考えられていた。つまり、青年期の発達を促す手段としての作業学習と考えることができる。

　1999（平成 11）年に学習指導要領が改訂され、専門学科において開設される各教科に社会の変化等に対応するために新たに「流通・サービス」が設けられた[61]。また、2009（平成 21）年に学習指導要領が改訂になり、専門教科に「福祉」が新設された[62]。

　森脇（2011）は「特別支援学校高等部における職業教育は、専門学校等とは違い、特定の職業に就くための知識やスキルを獲得したり、資格を取得したりする職業訓練的を目的とするものではなく、働くことに向かう意欲や態度。姿勢、協調性を養うところに重点を置いた取り組みをしている」[63]と述べている。

Ⅳ．新しい価値観としてのキャリア教育の登場

1．キャリア教育導入の背景

　1999（平成 11）年 12 月に中央教育審議会答申『初等中等教育教育と高等教育との接続の改善について』において「キャリア教育」の用語が登場した。本答申の「第 6 章 学校教育と職業教育の接続」において「新規学卒者のフリーター志向が広がり、高等学校卒業者では、進学も就職もしていないことが明らかな者の占める割合が約 9％に達し、また、新規学卒者の就職後 3 年以内の離職も、労働省の調査によれば、新規高卒者で約 47％、新規大卒者で約 32％に達している。こうした現象は、経済的な状況や労働市場の変化なども深く関係するため、どう評価するかは難しい問題であるが、学校教育と職業生活との接続に課題があることも確かである」[64]。次に同答申「第 1 節 学校教育と職業生活の接続の改善のための具体的方策」において、「学校と社会及び学校間の円滑な接続を図るためのキャリア教育（望ましい職業観・勤労観及び職業に関す

る知識や技能を身に付けさせるとともに、自己の個性を理解し、主体的に進路を選択する能力・態度を育てる教育）を小学校段階から発達段階に応じて実施する必要がある。キャリア教育の実施に当たっては家庭・地域と連携し、体験的な学習を重視するとともに、各学校ごとに目標を設定し、教育課程に位置付けて計画的に行う必要がある。また、その実施状況や成果について絶えず評価を行うことが重要である」[65]。児美川（2007）は「キャリア教育の目的は、子どもたち自身を、自らの進路（生活と労働）の主人公に育てることである」[66]と述べている。菊池（2008）は「『職業キャリア』と『ライフ・キャリア』とが混在して議論されている。一方でキャリアは『生き方』に近い意味を持ち、他方で職業上の能力といった意味合いをもつものである。そのため、キャリア教育と言うときにも、ある人は前者のニュアンスでとらえ、ある人は後者のニュアンスでとらえることにもなる。本来はこの2つは矛盾するものではなく、統合されるべきものである」[67]と述べている。

　中央教育審議会答申（2011）においてキャリア教育とは「一人一人の社会的・職業的自立に向け、必要な基盤となる能力や態度を育てることを通して、キャリア発達を促す教育」[68]と示している。キャリア発達について、「社会の中で、自分の役割を果たしながら、自分らしい生き方を実現していく過程」[69]としている。児美川（2013）は通常教育におけるキャリア教育について「字義どおりに解せば、『キャリアのための教育』であろう。つまり、変化の激しい社会に漕いで出て行って、そこで自らのキャリアを築いていくための準備教育である」[70]、「『将来のキャリアへの準備』とは、決して職業や仕事の世界への『適応』だけを指すことではない」[71]、「社会的存在である人は、人生の履歴において、様々な『役割』を引き受けながら生きていく。それは、役割を引き受けるという仕方で社会に参加し、貢献していくことでもある」[72]、「『役割』を担うように成長すること、そのことを自分の「生き方」として、自分の中に統合していけることが『キャリア発達』である。その『キャリア発達』のための力量形成に資するのが『キャリア教育』」[73]である。「キャリア教育を、学校の中のひとつの『領域』や『分野』であるとは考えない方がよい。キャリア教育は、学校教育のひとつの『機能』である。学校におけるさまざまな教育活動が、子どもと若者の、彼らが将来担うことになる『役割』の遂行能力の育成

に資するものとなっていれば、それがキャリア教育なのである」[74]と述べている。また、「『自ら学ぶ姿勢』（学び習慣）を獲得しておくこと、「学び方」を学んでおくことは、これからの時代を生きていくための必須アイテムとなるだろう」[75]と述べている。

2. 知的障害教育におけるキャリア教育

　木村（2011）は、特別支援学校高等部卒業者の就業率27.1％（文部科学省、2009発表を引用）と現実的には厳しい状況であること、また、厚生労働省が15歳〜64歳までを対象とした身体障害者、知的障害者及び精神障害者就業実態調査における知的障害者の就業希望に関する調査結果では、不就業者が45％、そのうち49.3％が「就業希望なし」という点に着目し[76]「働くことを含めた将来の生活に『夢や希望』をもち、主体的に取り組む児童生徒の育成が求められている」[77]、「児童生徒の『やりたい』『なりたい』といった『願い』を大切にし『育成』するといったcompetencyの姿勢が教師に求められる」[78]、「『働く』ことを一般就労に限定してしまうと、現在の社会状況では現実的に難しい場合が少なくないため、キャリア教育は限られた対象のものとしてとらえられてしまう危険性があります。『働くこと』を一般就労に限定せず、福祉的就労も含め、家庭生活や地域生活も視野に入れた『何かをすることによって人に認められ、人の役に立つこと』と広義に捉えることにより、障害の状態にかかわらず、すべての児童生徒が対象となる」[79]、「『働くこと』そのものが目的ではなく『働くこと』によってその人の生活が豊かに広がり、生き生きとした姿が引き出される等、『働くこと』を通してキャリア発達が促されるということを踏まえた上で、児童生徒一人一人の将来の『働くこと』について考え、支援していく必要があると考える」[80]と述べている。

　上川・小山ら（2019）は、知的障害のある生徒の卒業後の進路の選択肢が多様化していることから「ワークキャリアとライフキャリアの双方を念頭に置き、障害種やその程度の重軽にかかわらず、実生活に即した個々人のキャリア発達を促すことが重要」[81]であると述べている。森脇（2017）は知的障害特別支援学校高等部（職業学科）に入学してくる生徒の小学校や中学校では通常の学級に在籍していたものが多いことを指摘し、そのため「今までの学校生活の

なかで長い間『できない自分』を感じ続けてきた生徒も多く在籍する、『できる、できない』『成功する、失敗する』という価値観ではなく『認められる』という『体験』の希薄さが彼らの自立と社会参加を遠ざけている」[82] ことを指摘し、「他者から認められる経験を繰り返し、継続的に実施することで、自己を肯定的にとらえ自ら進んで他者とかかわる自分に気づいていくことになる」[83]、「職業学科においては、職業に就くためのスキルや知識を育てることが目的の学校であるような誤解を受けることが今でも見受けられる。企業就労がすべてではなく、学校は『働くことを通して主体的に社会に関りをもち、生涯にわたって自分らしい生き方をめざせる人を育成することをめざして取り組むこと』が目標といえる」[84] と述べている。このように、在学中に、どのような体験をさせていくかがとても重要になってくる。自分らしい生き方という点において、自己理解を図る学習が重要になってくる。また、「働く」ことが生活の大部分を占めるにしても、「楽しむ」ことがなくては生活へのうるおいは感じられない。ワークキャリアとライフキャリアの双方を念頭に置いた実践は、学校のみでは困難なことも想定され、いかに地域社会や家庭と連携を図った実践していくか、が求められる。

3. キャリア教育推進の2つの型

　立田（2023）は知的障害特別支援学校高等部（職業学科）におけるキャリア教育の推進は、①就労重視型のキャリア教育、②生き方重視のキャリア教育の2つの型に分けることができきると捉えて、①はキャリア教育と一般就労を結びつけて働く力を重視しながらキャリア教育を推進する型である。働くことを通して、自らの得意なことなどを理解していく。ここでは、従来からの職業教育の考え方が重要視されている、一方、働く先輩の姿を見ることにより、「ああいう風になりたい」といった願いや夢を持っていく。②はキャリア教育を推進する上で重要なポイントを自己肯定感と捉え、キャリアカウンセリング等を通して生徒の内面の変化を捉えていく。ここでは、自らのことばで自らを語ることを通して、「なりたい自分」を描いていく。どちらの型も生徒や学校の状況に応じた最適な実践方法の検討の結果である。どちらの型がよい、ということではなく学校としてのビジョンをいかに明確にし、教育活動を展開していく

かが重要であるとしている[85]。

　キャリア教育の導入は、知的障害児が生涯を通した充実した学びや、自分らしく生きるための教育活動を展開していく重要な転換を促していると見ることができる。

4. 職業教育との関連

　知的障害児には、つきたい職業につけないケースも多々ある。しかし、教師や保護者が決める進路から生徒自らがなりたい自分を思い描きそれに向かうプロセスを支援していくことが重要となる。「願い」や「思い」がかなわないことも出てくるがその際には、今まで生徒が歩んできたプロセスとこれからいかに歩んでいくか、いかに目的を持って行動をすることができるか、向かわせていくか、といった連続的な指導・支援がキャリア教育である。キャリア教育は従来までの職業教育とは違い、働くためのスキルを中心に学び、社会に出ていく、ことを中心とした学びではなく、よりよく生きていくための学びの連続ともいえる。徳永（2014）は「従来は『職業教育』や『進路指導』とされていたものが新たに『キャリア教育』として展開されるようになった」[86]と述べている。森脇（2017）は「『場と関係性』をデザインすることが、新しい職業教育を進めるためのカリキュラム・マネジメントの視点であると考えている」[87]。また、「学校では、ややもすると、『こうあるべき』といった１つの価値観で生徒たちに答えを導こうとする指導におちいる傾向がみられる」[88]と述べている。生徒の今の姿と将来の姿を結びつけながら「今」をいかにデザインしていくかということが重要であるといえる。また、キャリア教育は、働くことに対しての意識をいかに高めていくのか、高めるための指導について検討していくことが求められる。職業教育とキャリア教育の相違点について表1[89]にまとめた。

　キャリア教育の主たる目標の一つに生涯を通して学び続ける姿勢を培うことが求められている。今後、学校卒業後も生活、働く場面において、自らの生き方に対し選択・決定し、役割を果たしながら個々が認められる経験を通し自己有用感を高めていくことは大切なことである。一方、知的障害児が在学中に得た学びの楽しさを学校卒業後も継続して学び続ける中で、生きる楽しさを味わうための場の確保も今後、重要になってくる。

表1　職業教育とキャリア教育の相違点

	職業教育	キャリア教育
主たる目標	・職業観や勤労観の育成 ・「働く生活」への準備 ・狭義な意味での役割の遂行 ・将来の職業生活に係る技能の習得	・学校改革の理念と視点 　（授業改善も含む） ・職業観や勤労観の育成 ・自己を肯定した生き方 ・広義な意味での役割の遂行 ・生涯を通して学び続ける姿勢
対　象	・主に中学部、高等部の生徒を対象 ※ 比較的障害の程度が軽い生徒のみを対象とすることもある	・小学部から高等部までを対象 ・障害の重い軽いに関係なく、すべての生徒を対象
指導の中心	・主に職業・家庭科の内容を中心 ・専門教科の内容を中心 ・スキルの伝授	・本人の「思い」「願い」の尊重 ・自ら考えるための場のコーディネート
授業形態	・主に、職業・家庭の時間 ・作業学習や実習の時間	・学校生活全般で実施 ・すべての教科
担　当	・担任、職業・家庭担当、作業学習、実習担当 など	・全教職員 ・家庭 ・地域、産業界 など

V．まとめ

　知的障害教育において、職業教育は戦後間もないころは自立＝職業的自立と捉え就労と密接な関係のもとに進められてきた。その後、職業生活に対する態度、すなわち働くためのコミュニケーション、意欲に重点が置かれるようになった。養護学校義務制実施以降は、障害の重度・重複障害の生徒に対応した生活年齢と発達年齢を考慮した作業学習が求められるようになった。併せて、卒業後の進路先に福祉的就労が加えられた。自立の考え方も広義になり、知的障害教育は自己選択・決定が重要なキーワードになった。作業種目では、現在の産業構造の変化に対応する作業種の選定が重視された。知的障害教育におけるキャリア教育の導入は、知的障害教育が従来から大切にしてきた生活を中心に考えられた経験的な学習を重視しながら、生徒の自己理解や願い、思いをいかに形成し学校卒業後にも学び続けながらよりよく生きていくための教育課程をいかに構築するか、今後の学校改革の提起となっていると考えられる。知的

障害教育においても、児美川の言うように、「キャリア教育の目的は、子どもたち自身を、自らの進路（生活と労働）の主人公に育てる」ことである。それは、障害の有無に関係なく、すべての子どもたちに必要な教育として考えられるべきものである。

2016(平成28) 年12月、文部科学省［特別支援総合プロジェクトタスクホース］は、「特別支援学校高等部における昨今の状況を見ると、普通科在籍生徒の割合が増え、卒業後の志望進路も、かつてのような特定の職種に限られず、高等教育機関への進学等から企業就労まで、多様になっている。学校卒業直後の進路だけではなく、その後の長い人生をも見据えて、幼児教育から初等中等教育まで一貫性のある指導を行い、個々の志望を適切に踏まえた進路指導を行うなど、単なる『就労支援』から『キャリア教育』への転換を図ることが必要である。 また、就労だけではなく、卒業後の生活において、スポーツ活動や文化活動などを 含め、自己実現を図るための生涯にわたる学習活動全般を楽しむことができるよう、各教科や自立活動、特別活動等を通じて、在学中から地域における活動に参加し、楽しむ態度を養うとともに、そのために必要な行政や民間による支援について学ぶなど、卒業後においても様々な活動に積極的に参加できるようにすることが重要である」[90] ことを示した。知的障害特別支援学校においては、キャリア教育の視点に立ち、就労だけでなく、生徒の学習全般について生涯にわたる学び方の形成をいかに展開していくかが求められている。

今後は、知的障害教育の歴史的研究を行う上で、職業教育については、その時代や場所による対象児の対象・実態を明確にし、また、知的障害特別支援学校高等部単置校（職業学科）における卒業後の進路先や教育課程、学習内容について、キャリア教育を視点に職業教育の実践の変化・関連について明らかにしていきたい。その上で、改めて職業教育とキャリア教育の連続性・非連続性について深く探求していきたい。

注

1) 渡邊健治（2002）「第1章 特殊学級と知的障害教育」『教育実践でつづる知的障害教育方法史』編者 全日本特別支援教育連盟（有）川島書店、p.13.
2) 文部省（1995）『作業学習指導の手引き』東洋館出版社、p.7.

3）文部科学省（2009）『特別支援学校学習指導要領』海文堂出版、p.108．文部科学省（2009）『特別支援学校学習指導要領解説 総則等編（高等部）』海文堂出版、p.55.

4）文部科学省（2011）『文部科学時報 平成 23 年 3 月臨時増刊号』ぎょうせい、p.16.

5）小出進（1979）「第 1 章 教育課程・指導法の変遷」編集 全日本特殊教育研究連盟『日本の精神薄弱－戦後 30 年－第 2 巻 教育の方法』日本文化科学社、p.3.

6）同上、p.4.

7）同上．

8）同上に書かれてある内容を要約した。

9）富岡達夫（2001）『東京の知的障害児教育概説（戦後創設期編）』星雲社、p.181.

10）同上、p.45.

11）同上．

12）監修者 杉田裕、編集発行責任者 小杉長平（1967）『青鳥二十年』、p.12.

13）小出進（1979）「第 1 章 教育課程・指導法の変遷」編集 全日本特殊教育研究連盟『日本の精神薄弱－戦後 30 年－第 2 巻 教育の方法』日本文化科学社、p.4.

14）同上、p.18.

15）三木安正（1953）『遅れた子供の職業教育』牧書店、まえがき．

16）三木安正（1969）『精神薄弱教育の研究』日本文化科学社、p.7.

17）名古屋恒彦（1996）『知的障害教育方法史？生活中心教育戦後 50 年』大揚社、p.65.

18）東京都立青鳥養護学校（1957）『研究紀要Ⅱ』編集発行責任者 小宮山倭、p.8.

19）監修者 杉田裕、編集発行責任者 小杉長平（1967）『青鳥二十年』、p.33.

20）大見川正治（2002）「第 2 章 生活主義の模索」編者 全日本特別支援教育連盟『教育実践でつづる 知的障害教育方法史』、p.21．大見川は飯田精一（1967）『青鳥二十年』pp.33-34. を引用している。

21）富岡達夫（2001）『東京の知的障害児教育概説（戦後創設期編）』星雲社、p.168.

22）同上、p.180.

23）同上、p.181.

24）小出進（1979）「第 1 章 教育課程・指導法の変遷」編集 全日本特殊教育研究連盟『日本の精神薄弱－戦後 30 年－第 2 巻 教育の方法』日本文化科学社、pp.17-18.

25）同上、p.18.

26）東京都教育庁指導部（1959）『昭和 34 年度 中学校特殊教育研究協力学校研究報告－「学校工場」方式による精薄児の職業教育について－』、p.3.

27）同上、p.12.

28）荒川区立第一中学校 加藤茂男（1957）『白墨製造による精薄児の職業教育』、p.1.

29）同上、p.1.

30）荒川区立第一中学校長 高田卓郎（1959）「特殊学級における職業教育の在り方」『昭和 34 年度精神薄弱教育研究 研究発表・研究紀要』、p.1.

31）三木安正（1968）『精神薄弱教育の研究』日本文化科学社、p.464.

32）同上、p.464.

33）信末信秋・郡司たか（1966）「Ⅰ　進路指導－特殊学級①」編集者　全日本特殊教育研究連盟『精神薄弱教育実践講座4　進路指導・職業指導』第一印刷株式会社、p.25.

34）同上.

35）小笠原愈（1995）「本道における後期中等教育の充実」『特殊教育ほっかいどう第25号』特殊教育センター、p.3.

36）北海道立教育研究所（2005）『北海道教育史　記述編　第2巻　学校教育』（非売品）、pp.465-466.

37）北海道白樺養護学校（1966）『昭和41年度　教育計画』、p.4.

38）文部省初等中等教育局特殊教育課（1982）『心身障害児に係る早期教育及び後期中等教育の在り方（特殊教育研究調査協力者会議報告）』、冒頭.

39）大南英明（1987）「8　社会的自立のために作業学習の果たす役割は」編者　富岡達夫、松原隆三『作業学習ハンドブック』福村出版、p.26.

40）松矢勝宏（2002）「第11章　高等部教育の拡充と教育実践の展開」編者　全日本特別支援教育連盟『教育実践でつづる　知的障害教育方法史』、pp.153-154.

41）同上、p.48.

42）八幡ゆかり（2009）「知的障害教育における進路指導の変遷」鳴門教育大学研究紀要第24巻、p.43.

43）松矢勝宏（2003）「職業教育と進路指導をめぐる施策と実践研究の動向」職業リハビリテーション学会『職業リハビリテーション』第16巻、p.11.「表1　高等部卒業生の進路実態の推移（知的障害養護学校：各年3月）」

44）文部省（1996）『精神薄弱養護学校高等部の手引』海文堂出版社、p.8.

45）森脇勤（2011）『学校のかたち「デュアルシステムとキャリア教育」』ジアース教育新社、p.15

46）同上.

47）同上.

48）同上、pp.15-16.

49）田村一二（1960）「第8章　精神薄弱児の生活指導と職業教育」辻村泰男編『精神薄弱教育講義録』財団法人　日本児童福祉協会、p.229.

50）同上、pp.229-230.

51）同上、p.230.

52）大南英明（1987）「4　職業教育や職業指導との違いは」編者　富岡達夫、松原隆三『作業学習ハンドブック』福村出版、p.18.

53）同上.

54）同上.

55）同上.

56）八幡ゆかり（2000）「第 9 章 作業教育と労働教育の相違と結合」著者代表 渡辺健治 清水貞夫『障害児教育方法の探求－課題と論点－』田研出版、pp.128-129.

57）同上、p.129.

58）文部科学省（2001）『作業学習の手引き（改訂版）』東洋館出版社、p.4.

59）同上.

60）同上、p.5.

61）文部省（2000）『盲学校、聾学校及び養護学校学習指導要領（平成 11 年 3 月）解説－各教科、道徳及び特別活動編－』東洋館出版社、p.7.

62）文部科学省（2009）『特別支援学校学習指導要領解説 総則等編（高等部）』海文堂出版社、p.86.

63）森脇勤（2011）『学校のかたち「デュアルシステムとキャリア教育」』ジアース教育新社、p.25.

64）文部科学省ホームページ「初等中等教育と高等教育との接続の改善について（答申）」平成 11 年 12 月 16 日中央教育審議会「第 6 章 学校教育と職業教育の接続」https://www.mext.go.jp/b_menu/shingi/chuuou/toushin/991201.htm（アクセス日：2023 年 3 月 8 日）

65）同上.

66）児美川孝一郎（2007）『若者の希望と社会 2 権利としてのキャリア教育』明石書店、p.72.

67）菊池武剋（2008）「キャリア教育とは何か」編者 日本キャリア教育学会『キャリア教育概説』東洋館出版社、p.13.

68）文部科学省（2011）『文部科学時報 平成 23 年 3 月臨時増刊号』ぎょうせい、p.16.

69）同上、p.17.

70）児美川孝一郎（2013）『キャリア教育のウソ』筑摩書房、p.50.

71）同上.

72）同上、p.53.

73）同上.

74）同上、p.54.

75）同上、p.173.

76）木村宣孝（2011）「1 研究の経過と本研究の意義」編著 独立行政法人 国立特別支援教育総合研究所『特別支援教育充実のためのキャリア教育ガイドブック キャリア教育の視点による教育課程及び授業の改善、個別の教育支援計画に基づく支援の充実のために』ジアース教育新社、p.20. の内容について一部要約した。

77）同上、p.20.

78）同上. competency について同書、p.35.「コラム 3 competency－キャリア教育に

おける『能力』の捉え」の中で菊地は「『育成』の姿勢」としている.

79）同上、p.20.

80）同上.

81）上川達也・小山聖佳・名古屋恒彦・高橋縁・安久都靖・小山芳克・岩崎正紀・中村くみ子・清水茂幸・東信之・佐々木全（2019）「知的障害特別支援学校におけるキャリア教育の実際(2)―『遊びの指導』『生活単元学習』『作業学習』の授業実践を通して?」岩手大学大学院教育学研究科研究年報 第3巻、p.250.

82）森脇勤（2017）「特別支援学校高等部職業学科における地域協同活動とキャリア発達支援」日本発達障害研究 第39巻1号、p.84.

83）同上、p.84.

84）同上、pp.85-86.

85）立田祐子（2023）「知的障害特別支援学校高等部単置校（職業学科）キャリア教育導入期における推進状況」特別支援教育実践研究 第3号、pp.120-130.

86）徳永豊（2014）「知的障害教育の教育課程におけるキャリア教育の課題」福岡大学人文論叢第45巻 第4号、p.396.

87）森脇勤（2017）「特別支援学校高等部職業学科における地域協同活動とキャリア発達支援」日本発達障害研究 第39巻1号、p.85.

88）同上.

89）国立特別支援教育総合研究所『特別支援教育充実のためのキャリア教育ガイドブックキャリア教育の視点による教育課程及び授業改善、個別の教育支援計画に基づく支援の充実のために』ジアース教育新社、p.21.「図3 通常の教育における各教科等とキャリア教育の関係（左）と特別支援教育における各教科とキャリア教育の関係（右）（木村、2010）」、p.25.にある図6「キャリア教育と以降と職業教育をめぐる概念の整理」及び文部科学省（2011）『文部科学時報 平成23年3月臨時増刊号』ぎょうせい、文部科学省（2019）『特別支援学校高等部学習指導要領』、海文堂出版を参考に作成を行った.

90）文部科学省［特別支援総合プロジェクト タスクフォース］（平成28年12月14日）『文部科学省が所管する分野における 障害者施策の意識改革と抜本的な拡充 ～学校教育政策から「生涯学習」政策へ～』https://www.mext.go.jp/b_menu/houdou/28/12/__icsFiles/afieldfile/2016/12/19/1380729_04.pdf（アクセス日：2023年3月8日）

資　料

知的障害特別支援学校の
担任外教員が行う校内へのアプローチ

村浦　新之助
（埼玉県立上尾特別支援学校・東京学芸大学大学院連合教育学研究科）

奥住　秀之
（東京学芸大学）

　本研究は、知的障害特別支援学校に在籍している教員の専門性向上に関連するものとして、組織内における担任外教員の校内への関わり方という観点から、その特徴を計量的に明らかにすることを目的としたものである。

　調査対象は全国の知的障害特別支援学校に所属する担任外の教員であり、調査は Microsoft Forms を用いた web 調査を 2021 年の 1 か月間に実施した。回答は各校 1 名に依頼し 160 件が回収され、有効回答のうち外れ値等を除外した 134 件を分析対象とした。分析対象となった役職は学部主事、自立活動専任、研究部主任であった。質問項目は校内へのアプローチに関する項目を 4 件法及び選択、自由記述を用いて調査した。

　その結果、担任外の教員は校内の専門性向上に必要であり有効であると自己評価していた。また、指導・支援にかかわる理論・方法の活用度は自立活動専任が有意に高く、他の群に比べてそれらの専門用語を使って校内に説明をしたり、指導・支援の記録を担任外のみで行ったりする傾向が示唆された。

キーワード
　知的障害　intellectual disability
　担任外　out-of-class teacher
　組織　organization

Ⅰ. 問題と目的

　教員の資質及び専門性向上はいつの時代も重要な課題である。改訂された教師の資質向上に関する指針・ガイドラインでは、今後は様々な研修方法を効果が高くなるように組み合わせたり、選択したりすることや、研修主事等の研修に関する中核的な役割の配置等による日常的な校内研修等の充実が報告された（文部科学省，2022）。また、文部科学省（2021a; 2021b）は特別支援学校における教員の専門性向上について、組織としての仕組みづくりの必要性を報告しており、特に自閉症や知的障害の教育に関わる教員の専門性向上は急務であると述べている。

　組織としての仕組みづくりとして考えられるものはいくつかある。TALIS 報告（2014; 2020）では、組織内指導者（メンター）や同僚からの業務についてのフィードバックは効果的なものとして報告されている。この組織内指導（メンタリング）は「経験のある教員が経験の少ない教員を支援する仕組みのこと」とされており、その具体的な名称は様々である。このことを主たる業務の1つとして行う役割として指導教諭の配置や、所属する学部等の主事主任を担任外として配置することが想定される。他にも、特別支援学校には自立活動専任を配置している学校がある。全国特別支援学校知的障害教育校長会（以下、全知長と略す）の調査によると、自立活動専任の配置は近年増加傾向である（全知長，2019）。今井・生川（2014）は、学校や個人による差はあるものの、自立活動専任を配置することによって校内の自立活動への意識が高まるという意見を報告している。また、先述した研修主事による校内研修の充実がある。その名称は組織によって様々であるが、本稿では研究部と表記する。特別支援学校の研究部による手続きとしては、例えば宮野（2021）が研修係として5分間ミーティングという手続きを行った結果を報告している。各役割として求められることは、実際には各校によるものであるが、その対象と目的が異なると考えられる。例えば、指導教諭や学部主事等は担任を対象として指導・支援に関わるものから事務的な業務まで全般的なサポートや組織マネジメント、自立活動専任は、自立活動を中心とした学校全体の指導・支援に関わる専門性の向

上、研究部は指導・支援に関わるものに限定されない各校の課題に対する研修企画などであろう。村浦（2023）はこれらの仕組みとして考えられる役職者数名を対象に調査を実施し、校内の教員との協働が課題となっている可能性を報告している。

　以上より、知的障害特別支援学校における教員の専門性向上に係る組織的な取り組みは各校にて様々な工夫や課題があることが想定される。全知長（2019）の調査などにより、明らかになってきていることもあるが、具体的な手続きについての知見は少ない。しかし、今後各校で組織的な仕組みづくりを実施していくにあたり、これらに係る研究知見を積み重ねることは特別ニーズ教育を実践する学校と教員に、更にはその教育を受ける児童生徒にとって、重要であり喫緊の課題である。

　以上のことから本稿は、知的障害特別支援学校における教員の専門性向上のための組織的仕組みのうち、一部の学校で担任外として配置されている組織内指導者、自立活動専任、研究部などの教員が、指導・支援に係る専門性向上のために、校内に対してどのように関わっているのかを検討する。

Ⅱ．方法

1．対象

　対象は全知長に属する知的障害特別支援学校に所属する特定の担任外教員である。回答は各校1名であり、複数配置している学校は管理職の判断で回答者が選出されている。回答対象は担任外の指導教諭、自立活動専任、学部主事等、研究主任等（以下、担任外と表記する）であり、管理職、教務主任、進路指導主事、特別支援教育コーディネーターは別の役割が主となることから対象外であることを伝えている。特別支援教育コーディネーターは、職務に校内の専門性向上が掲げられているが、特別支援学校においてはセンター的機能により外部との連携が中心的になることから対象から除いた。協力依頼は、第一著者の所属校校長名（研究時）にて全知長に配布の許可を得たうえで、都道府県代表宛に各所属への配布依頼を依頼した（うち3県は地区代表理事の意向により各校への直接依頼）。Microsoft forms を用いた web 調査を基本とし、この方

法での回答が難しい自治体には word ファイルに回答の後、メールにて送付を依頼した。調査は 2021 年に行った。

2. 調査内容

(1) フェイスシート

回答者の正規採用年数、特別支援教育経験年数、回答者の担任外役職名、校内の担任外配置人数、保有教員免許、特別支援教育に関わる資格（心理職資格、療法士資格、学会認定資格など）の有無。

(2) 質問項目

現職の担任外 3 名と担任 57 名による予備的手続きを経て、作成した独自の質問項目を用いた。4 件法は織田（1970）を参考にした。担任外としての担任との連携・協働に関する項目を 4 件法と分岐ありの選択で最大 20 項目、指導・支援に活用しているアセスメント及び理論・方法に関する項目を 4 件法でそれぞれ 19 項目と 12 項目及びその他の自由記述、である。その他の自由記述では内容とともに該当する 4 件法の回答も入力を依頼した。選択肢に設けたアセスメント及び理論・方法を表 5 に示した。アセスメント及び理論・方法の項目は特別支援教育学を専門とする大学教員と第一著者が選定し、予備調査を経て決定した。

なお、本調査では上記項目以外に担任外自身の指導・支援の意識等について 5 項目が設けられているが、研究の目的が異なることからその内容については本稿では取り扱わない。

(3) 分析方法

調査は 160 件の回答が得られ、有効回答数 155 件、そのうち回答の匿名による公表に関する同意が得られているものは 154 件（99.4%）であった。情報不備が確認できたものは、該当校の管理職に電話で確認し修正のうえ有効とした。

分析対象から除いたデータについて述べる。その他も含む回答された担任外の役職のうち、回答件数の少なさと研究目的との相違より、指導教諭（9 件）、文化祭実行委員会、カウンセラー、副担任（各 1 件）、を分析から除いた。その他の回答として校内支援部が 5 件あり、その業務内容を各回答校に確認した

ところ、自立活動専任に近いものであるということから、自立活動専任に加えている。

　指導・支援に関わるアセスメント及び理論・方法に関する 4 件法の回答は「とても活用している」（3 点）「わりと活用している」（2 点）「どちらかといえば活用している」（1 点）「ぜんぜん活用していない」（0 点）とし、3 〜 1 点の回答を「活用あり」、0 点の回答を「活用なし」のカテゴリカルデータとした。カテゴリカルデータを活用有無のダミー変数としてアセスメント及び理論・方法の活用数を算出した。これらの結果より、アセスメント及び理論・方法の活用数と得点合計を箱ひげ図として描画し、外れ値を除外した（8 件）。分析から除外したデータは 20 件であり、134 件を分析の対象とした。

　織田（1970）を参考に作成した回答項目は間隔尺度として扱う。グラフの正規性はヒストグラムを描き視覚的に行った。分析には SPSS Statistics27 と、一部にフリーの統計分析ソフト HAD（清水，2016）を用いた。有意確率は $p <$ .05 で判断した。

（4）倫理的配慮

　本研究は東京学芸大学研究倫理委員会の承認を得ている（受付番号 507）。調査の最初の質問項目にて、インフォームドコンセントに関する内容と、公表は匿名で行うことについての研究同意確認の項を設けている。

Ⅲ．結果

　表 1 は回答者の属性であり、割合は全体の比率を表す。担任外の役職は、学部主事等が 80 件、自立活動専任 22 件、研究部 32 件、であった（それぞれ主事群、専任群、研究群と以下表記）。特別支援教育に関わる教員年数と正規採用年数はともに 10 年以上が 9 割程度であり、特別支援学校教員免許状は 118 件であった。特別支援教育に関わる資格保有者は 12 件あり、公認心理師、臨床発達心理士（各 3 件）、学校心理士、特別支援教育士、言語聴覚士（各 2 件）、音楽療法士、理学療法士、ABA 療育支援員、初級 ABA セラピスト、認定 ABA セラピスト、保育士（各 1 件）、であり、5 件の回答が複数の資格を保有していた。また、自立活動専任のうち 1 件は教員免許状の保有はなく、保有資格は

表1　回答者の属性

		主事群		専任群		研究群	
		n	%	n	%	n	%
		80	59.7	22	16.4	32	23.9
特別支援教育に関わる	20年以上	25	18.7	11	8.2	15	11.2
教師経験年数	20年未満	47	35.1	6	4.5	15	11.2
	10年未満	6	4.5	4	3.0	1	0.7
	5年未満	2	1.5	1	0.7	1	0.7
	20年以上	21	15.7	8	6.0	18	13.4
正規採用年数	20年未満	53	39.6	7	5.2	13	9.7
	10年未満	6	4.5	6	4.5	1	0.7
	5年未満	0	0.0	1	0.7	0	0.0
特別支援教育	有	75	56.0	15	11.2	28	20.9
免許状	無	5	3.7	7	5.2	4	3.0

表2　担任外の指導・支援への関わり方

		主事群		専任群		研究群	
		n	%	n	%	n	%
担任外の担任の	教室指導	24	17.9	5	3.7	10	7.5
指導・支援への	抽出指導	5	3.7	1	0.7	2	1.5
関わり方	教室指導と抽出指導	47	35.1	14	10.4	16	11.9
	無し	4	3.0	2	1.5	4	3.0

言語聴覚士のみであった。

　表2は役職群と担任の指導・支援への関わり方についての表であり、割合は全体比率を表す。教室指導は児童生徒が日常的に教育活動を行っている教室で指導・支援に関わること、抽出指導は児童生徒が特別教室や他教室など日常的な教育活動とは異なる学習環境で個別に指導・支援を行うこととした。指導・支援に直接関わらない対象者は10件であり、ほとんどの回答者が実際の指導・支援に関わっていることが分かる。

　表3は校内へのアプローチに関する質問項目の結果である。回答結果より正規性が確認されなかったため、Kruskal-Wallis検定を実施し、多重比較はHolmの方法で調整を行った。その結果、専門用語の使用程度に有意な差が認められた（$\chi^2(2) = 16.497$, $p < .001$, $\eta^2 = .124$）。また、外部講師からのフィードバックに関する項目は有意傾向であった（$\chi^2(2) = 5.670$, $p = .059$, $\eta^2 = .043$）。

表 3　担任外としての担任との連携・協働に関する結果

項目			主事群 (80)			専任群 (22)			研究群 (32)			χ^2	p	η^2
	M	SD	M	Me	SD	M	Me	SD	M	Me	SD			
1　担当ケースの主訴は担任と確認している	3.81	0.49	3.79	4.0	0.52	4.00	4.0	0.00	3.75	4.0	0.57	4.616	.099	.035
2　担当ケースについて、どのように指導・支援していくか担任と共有している	3.75	0.53	3.79	4.0	0.50	3.77	4.0	0.43	3.66	4.0	0.65	0.821	.663	.006
3　どのように指導・支援をすればよいかを担任に伝えている	3.61	0.60	3.65	4.0	0.58	3.64	4.0	0.58	3.50	4.0	0.67	1.275	.529	.010
4　どのように指導・支援すればよいかを担任と一緒に考えている	3.70	0.56	3.75	4.0	0.52	3.68	4.0	0.48	3.59	4.0	0.71	1.162	.559	.009
5　担任の指導・支援の進捗状況を担任と確認している	3.59	0.63	3.64	4.0	0.60	3.45	3.5	0.60	3.56	4.0	0.72	2.362	.307	.018
6　選択したアセスメント、理論・方法ᵃの基礎的な知識については専門用語を用いて説明している	2.30	0.77	2.21	2.0	0.71	2.91	3.0	0.75	2.09	2.0	0.73	16.497***	<.001	.124
7　担当したケースの支援期間後に子どもの様子を見たり、担任の指導・支援を確認したりとフォローアップをしている	3.40	0.72	3.41	4.0	0.69	3.41	3.0	0.59	3.38	4.0	0.87	0.151	.927	.001
8　担任外として取り組んだ内容について、外部専門家等から指導公表や助言はあるか	2.25	1.06	2.15	2.0	1.04	2.73	3.0	0.94	2.16	2.0	1.11	5.670⁺	.059	.043
9　担任との事前打ち合わせや回数のおおよその日時を決めている	2.10	0.98	2.06	2.0	0.93	2.18	2.0	1.10	2.16	2.0	1.02	0.271	.873	.002
10　担任との事後打ち合わせ日時のおおよその日時を決めている	2.06	0.96	2.05	2.0	0.93	2.09	2.0	1.06	2.06	2.0	1.01	0.002	.999	.000
11　校内に担任外で指導・支援の助言をする立場は必要である	3.74	0.46	3.80	4.0	0.40	3.68	4.0	0.57	3.63	4.0	0.49	3.718	.156	.028
12　担任外として校内の指導・支援についての助言をしたり、相談にのったりすることは校内の専門成功を向上させることに有効であると思う	3.76	0.45	3.79	4.0	0.44	3.64	4.0	0.49	3.78	4.0	0.42	2.493	.288	.019
13　校内研修等で学んだ指導・支援に関する知識を、学校全体として実際に行うことができていると思う	3.10	0.61	3.16	3.0	0.58	2.91	3.0	0.75	3.06	3.0	0.56	2.335	.311	.018

a の結果は表 5 に示す．

*$p < .05$, **$p < .01$, ***$p < .001$.

　表4は役職群と打ち合わせ頻度のクロス集計表であり、割合は役職群ごとの比率を表す。独立性の検定の結果、有意な連関は認められなかった（$\chi^2(12)$ = 10.363, p = .584, V = .197）。残差分析の結果は、主事群は隔週が多く、専任群は月1及び学期1が多く、週2, 3が少ない、研究群は隔週が少なかった。

表4　役職群と打ち合わせ頻度のクロス表

		主事群		専任群		研究群		合計
		n	%	n	%	n	%	
打ち合わせ頻度	毎日	2 (−1.347)	2.50	1 (0.017)	4.55	3 (1.535)	9.38	6
	週2,3	17 (0.938)	21.25	0 (−2.457)	0.00	8 (1.056)	25.00	25
	週1	30 (0.273)	37.50	7 (−0.506)	31.82	12 (0.126)	37.50	49
	隔週	12 (2.522)	15.00	1 (−0.894)	4.55	0 (−2.125)	0.00	13
	月1	12 (−1.323)	15.00	8 (2.332)	36.36	5 (−0.505)	15.63	25
	学期1	5 (−1.934)	6.25	5 (2.060)	22.73	4 (0.435)	12.50	14
	学期1未満	2 (1.171)	2.50	0 (−0.632)	0.00	0 (−0.798)	0.00	2
合計		80		22		32		134

割合は群ごとの比率, （　）は調整済み残差.

　表5は回答者が指導・支援に活用しているアセスメント及び理論・方法の結果であり、表6はアセスメントと理論・方法の合計点（それぞれASとTMと表記）と役職群の一要因分散分析の結果である。その結果、TMにおいて有意な差が認められ（$F(2,131)$ = 6.037, p = .003, η_p^2 = .084）、Holm法による多重比較の結果、主事群と専任群に有意な差が認められた（$t(131)$ = 3.429, p = .001, α' = .017, d = .819）。主事群と研究群、専任群と研究群に有意な差は認められなかった（それぞれ $t(131)$ = 0.627, p = .532, α' = .050, d = .130; $t(131)$ = 1.311, p = .192, α' = .025, d = .360）。ASは有意な主効果は認められなかった（$F(2.131)$ = 2.116, p = .125, η_p^2 = .031）。その他の回答内容は、アセスメントがJ☆sKep、学習到達度チェックリスト（各2件）、STRAW-R、CLISP-dd

表5　指導・支援に活用しているアセスメント及び理論・方法の結果

	n	%	M	SD	主事群 (80)			専任群 (22)			研究群 (32)		
					M	Me	SD	M	Me	SD	M	Me	SD
1 太田ステージ	45	33.6	0.68	1.07	0.54	0.0	0.93	1.32	1.0	1.29	0.59	0.0	1.13
2 NC プログラム	23	17.2	0.28	0.69	0.04	0.0	0.19	0.95	0.5	1.13	0.41	0.0	0.76
3 S-M 社会生活能力検査	79	59.0	1.02	1.01	1.16	1.0	1.01	0.77	0.5	0.97	0.84	0.5	0.99
4 Vineland-II適応行動尺度	4	3.0	0.05	0.31	0.05	0.0	0.31	0.00	0.0	0.00	0.09	0.0	0.39
5 新版K式発達検査	32	23.9	0.39	0.78	0.34	0.0	0.75	0.68	0.0	1.04	0.31	0.0	0.64
6 K-ABC（KABC-II）	15	11.2	0.14	0.43	0.14	0.0	0.41	0.00	0.0	0.00	0.25	0.0	0.57
7 ウェクスラー式知能検査	76	56.7	0.96	0.99	1.04	1.0	0.99	0.73	0.0	1.03	0.91	1.0	0.96
8 ビネー式知能検査	62	46.3	0.72	0.91	0.81	1.0	0.93	0.55	0.0	1.01	0.59	0.0	0.80
9 DN-CAS	5	3.7	0.04	0.19	0.03	0.0	0.16	0.09	0.0	0.29	0.03	0.0	0.18
10 フロスティッグ視知覚発達検査	4	3.0	0.04	0.23	0.03	0.0	0.22	0.00	0.0	0.00	0.09	0.0	0.30
11 KIDS	10	7.5	0.11	0.45	0.10	0.0	0.44	0.23	0.0	0.69	0.06	0.0	0.25
12 遠城寺式乳幼児分析的発達検査	34	25.4	0.40	0.77	0.41	0.0	0.77	0.32	0.0	0.72	0.41	0.0	0.80
13 LC スケール	3	2.2	0.03	0.21	0.00	0.0	0.00	0.18	0.0	0.50	0.00	0.0	0.00
14 PVT-R	2	1.5	0.02	0.19	0.00	0.0	0.00	0.09	0.0	0.43	0.03	0.0	0.18
15 PEP-3	9	6.7	0.09	0.36	0.08	0.0	0.31	0.09	0.0	0.43	0.13	0.0	0.42
16 TTAP	7	5.2	0.06	0.27	0.06	0.0	0.29	0.00	0.0	0.00	0.09	0.0	0.30
17 ASA旭出式社会適応スキル検査	7	5.2	0.10	0.46	0.05	0.0	0.27	0.14	0.0	0.64	0.19	0.0	0.64
18 機能的アセスメント	18	13.4	0.28	0.77	0.25	0.0	0.67	0.45	0.0	1.06	0.25	0.0	0.80
19 感覚プロファイル	5	3.7	0.06	0.34	0.01	0.0	0.11	0.27	0.0	0.77	0.03	0.0	0.18
20 MEPA	19	14.2	0.20	0.55	0.19	0.0	0.51	0.27	0.0	0.55	0.19	0.0	0.64
21 感覚統合	86	64.2	1.04	0.95	0.84	1.0	0.89	1.82	2.0	0.85	1.00	1.0	0.88
22 動作法	66	49.3	0.71	0.85	0.60	0.0	0.76	1.09	1.0	1.11	0.72	1.0	0.81
23 応用行動分析（PBS 含む）	98	73.1	1.38	1.05	1.31	1.0	1.04	1.55	2.0	1.10	1.44	2.0	1.05
24 TEACCH を参考にした指導	99	73.9	1.34	1.03	1.29	1.0	1.02	1.50	1.5	1.19	1.34	1.0	0.94
25 インリアルアプローチ	38	28.4	0.40	0.72	0.35	0.0	0.70	0.45	0.0	0.60	0.50	0.0	0.84
26 HANEN プログラム	2	1.5	0.01	0.12	0.00	0.0	0.00	0.00	0.0	0.00	0.06	0.0	0.25
27 認知療法	18	13.4	0.15	0.40	0.13	0.0	0.33	0.09	0.0	0.29	0.25	0.0	0.57
28 認知行動療法	48	35.8	0.46	0.67	0.46	0.0	0.67	0.41	0.0	0.59	0.47	0.0	0.72
29 SCERTS モデル	2	1.5	0.01	0.12	0.00	0.0	0.00	0.00	0.0	0.00	0.06	0.0	0.25
30 PECS	68	50.7	0.87	1.02	0.69	0.0	0.95	1.41	1.0	1.14	0.94	1.0	1.01
31 感覚と運動の高次化理論	28	20.9	0.43	0.90	0.28	0.0	0.78	1.09	1.0	1.15	0.38	0.0	0.83

項目 1 ～ 20 がアセスメントに関する項目，項目 21 ～ 31 が理論・方法に関する項目．ウェクスラー式知能検査は（WISC-IV等），ビネー式知能検査は（ビネーV等），機能的アセスメントは（FAI，ABC分析，MAS を含む），MEPA は（ムーブメント教育・療法アセスメント），PECS は（絵カード交換式コミュニケーションシステム），感覚と運動の高次化理論は（宇佐川理論），と質問時は補足．

表 6　AS と TM と役職群の一要因分散分析

| | | n | M | SE | 95%CI | | F 値 | η_p^2 | 多重比較 |
					LL	UL			
AS	主事群	80	5.34	0.46	4.43	6.24			
	専任群	22	7.36	0.87	5.64	9.09	2.116	.031	n.s.
	研究群	32	5.88	0.72	4.44	7.31			
TM	主事群	80	5.96	0.52	4.94	6.98			
	専任群	22	9.77	0.98	7.83	11.72	6.037**	.084	専任群＞主事群
	研究群	32	7.31	0.82	5.70	8.93			

AS はアセスメントの得点平均．TM は理論・方法の得点平均．
$*p < .05, **p < .01, ***p < .001.$

発達検査、JSL バンドスケール、VMI（各 1 件）、学校独自のチェックシートが計 5 件、理論・方法が言語行動、子どもの発達診断（田中昌人）、作業療法、理学療法、言語療法、静的弛緩誘導法、SST（各 1 件）、であった。その他の回答は AS と TM に反映している。

　表 7 は専門用語の伝達方法に関する結果である。独立性の検定の結果有意な連関は認められなかった（$\chi^2(8) = 5.591$, $p = .693$, $V = .111$）。残差分析の結果は主事群の個別が高く、専任群の個別が低い結果であった。

　表 8 は担任外が関わった事例を校内でどのように共有しているかに関する表である。独立性の検定の結果、事例の共有とその発表者については、有意な連関は認められなく（$\chi^2(4) = .4.323$, $p = .364$, $V = .127; \chi^2(4) = .5.534$, $p = .237$, $V = .170$）、事例共有の方法の連関は有意であった（$\chi^2(6) = 10.267$, $p = .036$, $V = .208$）。残差分析では、発表者において主事群で担任が高く、専任群においては担任外が高かった。共有方法では、専任群においてデータや紙面での共有が高かった。

　表 9 は担任外業務のうち指導・支援に関わる記録についての表である。独立性の検定の結果、有意な連関が認められ（$\chi^2(6) = 36.254$, $p < .001$, $V = .368$）、記録者では主事群で担任が多く、担任外が少ない、専任群で担任が少なく、担任外が多い、という結果になった。記録内容と記録方法の伝達については、有意な連関は認められなかった（それぞれ $\chi^2(2) = 0.043$, $p = .979$, $V = .018; \chi^2(2) = 1.821$, $p = .402$, $V = .119$）。

表7　専門用語の伝達方法

	主事群		専任群		研究群		合計
	n	%	n	%	n	%	
全体研修	4	3.25	5	9.62	4	8.00	13
	(−1.783)		(1.353)		(0.764)		
任意研修	13	10.57	7	13.46	6	12.00	26
	(−0.508)		(0.490)		(0.111)		
個別打合せ	58	47.15	15	28.85	19	38.00	92
	(2.099)		(−2.014)		(−0.471)		
文献紹介	21	17.07	12	23.08	12	24.00	45
	(−1.205)		(0.633)		(0.802)		
データ配布	27	21.95	13	25.00	9	18.00	49
	(0.069)		(0.642)		(−0.734)		
合計	123		52		50		225

割合は群ごとの比率，（ ）は調整済み残差.

Ⅳ．考察

　今回の調査は経験年数、正規採用年数ともに 10 年以上がほとんどであることから中堅ベテラン層の回答と言える。本調査における担任との関わりは、基本的には教室での指導・支援に関わりながら必要に応じて抽出指導を行っているような状況が考えられ、抽出指導のみを行う傾向はあまり多くなかった。

　担任外が指導・支援にかかわることのメリットとデメリットについて考える。教員のメリットとして、担任外の立場からは学級全体のモニタリング、担任の立場からは中堅ベテラン層の関わり方を見本とすることがあげられる。しかし、担任が担任外からのアドバイスを受け入れたり、指導・支援を見本としたりするには、その担任と担任外との関係性が重要になってくるであろう。これは、デメリットが生じる可能性も考えられるものである。例えば、極端な例だが、両者の関係性が悪い状況では、担任外の専門性の高い手続きにも嫌悪的な感情が働き、かえって専門性の成長を阻害する可能性すらある。他にも、担任と担任外の経験や専門性の違いから、担任外の担任への関わりがパターナリズム的になり、担任の指導・支援が制限されていく可能性もある。担任外の配置は 1 つの組織的な OJT の仕組みとして考えられるものであるが、互いの立

表 8　事例の共有方法

		n	%	主事群 n	主事群 %	専任群 n	専任群 %	研究群 n	研究群 %	χ^2	p	ES(V)
事例の校内への共有	全部	12	9.0	5	6.3 (−1.335)	4	18.2 (1.658)	3	9.4 (0.095)	4.323	.364	.127
	一部	84	62.7	54	67.5 (1.402)	14	63.6 (0.101)	16	50.0 (−1.701)			
	無	38	28.4	21	26.3 (−0.659)	4	18.2 (−1.158)	13	40.6 (1.765)			
共有時の担当者	担任	34	25.4	26	32.5 (2.238)	3	13.6 (−1.845)	5	15.6 (−0.926)	5.534	.237	.170
	担任外	16	11.9	7	8.8 (−1.594)	6	27.3 (2.105)	3	9.4 (−0.115)			
	両方	46	34.3	26	32.5 (−0.953)	9	40.9 (0.196)	11	34.4 (0.972)			
共有の方法	全体研修	36	26.9	23	28.8 (0.235)	4	18.2 (−1.414)	9	28.1 (1.123)	10.267*	.036	.208
	任意研修	54	40.3	38	47.5 (1.640)	7	31.8 (−1.482)	9	28.1 (−0.550)			
	データ配布	29	21.6	14	17.5 (−1.784)	12	54.5 (3.552)	3	9.4 (−1.342)			

割合は群ごとの比率. ( ) は調整済み残差. 自由度は上から 4, 4, 4.
*p < .05, **p < .01, ***p < .001.

表9 指導・支援の記録に関する結果

		n	%	主事群 n	%	専任群 n	%	研究群 n	%	χ^2	p	ES(V)
記録者	担任と担任外	49	36.6	28	35.0	7	31.8	14	43.8	36.254***	<.001	.368
					(-0.458)		(-0.506)		(0.967)			
	担任	69	51.5	47	58.8	5	22.7	17	53.1			
					(2.046)		(-2.953)		(0.212)			
	担任外	10	7.5	1	1.3	9	40.9	0	0.0			
					(-3.331)		(6.530)		(-1.841)			
	無	6	4.5	4	5.0	1	4.5	1	3.1			
					(0.356)		(0.017)		(-0.424)			
記録内容	質的記録	43	32.1	26	32.5	7	31.8	10	31.3	0.043	.979	.018
					(0.179)		(-0.028)		(-0.181)			
	質的記録と量的記録	85	63.4	50	62.5	14	63.6	21	65.6			
					(-0.179)		(0.028)		(0.181)			
記録方法の伝達	有	92	68.7	57	71.3	12	54.5	23	71.9	1.821	.402	.119
					(0.951)		(-1.642)		(0.330)			
	無	36	26.9	19	23.8	9	40.9	8	25.0			
					(-0.951)		(1.642)		(-0.330)			

割合は群ごとの比率。( ) は調整済み残差。自由度は上から 6, 2, 2.

*$p<.05$, **$p<.01$, ***$p<.001$.

場や経験を踏まえた上で、どちらか一方のみが権威性を持つのではなく、協働していくことが重要であろう。児童生徒のメリットとして、抽出指導では、刺激調整をはじめ、より個に応じた指導・支援の環境を整えやすいことなどが考えられる。しかし、知的障害特別支援学校に在籍する児童生徒の中には、その障害特性から、実際の生活場面に即しながら継続的・段階的に学習をすることが重要である児童生徒もいる（文部科学省，2018b, pp.26-36）。教室指導では、児童生徒の実際の学校生活場面での学習になることから、抽出場面に比べて生活場面に繋がりやすい可能性がある。教室指導と抽出指導を実施している要因は様々であることから、本調査での特定はできないが、必要に応じて組み合わせていくことが重要であると考える。

　担任との関わり方についての質問紙調査の結果について考察する（表3,4,7,8,9）。4件法による回答では天井効果が確認できる項目が複数あり（項目1,2,3,4,5,7,11,12）、担任との協働や担任外としての必要性・有効性を高く評価していることが分かる。それらに比べ、専門用語の使用程度、外部専門家等からの助言等や、事前・事後打ち合わせの日程調整は低い結果となっている。学校全体の実行度については、平澤（2019）の研修等で知識として得た有効な教育方法が学校現場で実行されていない現状があるという指摘と異なる評価であり、これは実際には実行度高く教育方法が実施されているということではなく、研究者などの専門家と現場にいる学校教員の評価が乖離している可能性があると考える。

　また、専任群は他に比べて専門用語の使用程度が優位に高かった。自立活動の指導は、様々なアセスメント及び理論方法と関連があることが学習指導要領自立活動編にも記載されている（文部科学省，2018a, pp.102-121）。表5の結果は、基本的には回答者各個人が何を参考にしているかということになるが、中央値及び平均値が1を超えているものは全体的に活用傾向にあるものと考えられる。特に感覚統合、応用行動分析（PBS含む）、TEACCHを参考にした指導についてはすべての群で平均値と中央値が1を超えているものであり、本邦の知的障害特別支援学校の教員の専門性と関連があることが考えられる。また、ASとTMともに専任群が最も高い平均であり、TMは主事群に比べ専任群が有意に高かった（表6）。この結果からも専任群は専門用語自体を多く知って

いる可能性が考えられ、他の群に比べて専門用語を使う傾向にあると考える。しかし、同項目は全体に比べれば低い平均値をとっている。全体として専門用語は積極的には使用しない傾向であり、その伝達方法は全体研修などの場でなく、個別の打ち合わせ時に伝える傾向が高い（表7）。村浦（2023）の報告では、日々の業務の中で必要に応じて個別に打ち合わせをしていることが報告されており、同報告の内容を一部支持するものである。専門用語は、文部科学省（2018a; 2021b）を参照しながら伝えていく必要もあるだろう。

　事例共有について述べる。担任外として担任と協働した事例を共有するということは指導・支援のモデルケースの伝達機能や、担任外業務の周知機能があると考えられ、6割強が一部内容を共有している。また、共有の際にはその事例に関する様々なデータが必要になる。その記録は担任を含めながらとることが多いが、専任群においては担任外のみが取る傾向が有意に高かった。記録自体はエピソードなどの質的な記録だけでなく何かしらの量的記録をとる傾向にあり、記録の仕方は伝えている割合のほうが高い。加藤・小笠原（2016）は知的障害特別支援学校の教員が行動の記録をとることに困難を抱えていることを報告しており、その1つに指導体制上の課題を挙げている。担任外と協働しながらの記録は、その課題を解決する一つの糸口になることが考えられる。しかし、その一方で昨今の教員不足やICT機器の普及を考えると、人的な解決方法以外も検討していくことが必要である。

　研究の限界と今後の課題について述べる。本研究は全国的な調査という意味では一定の価値があるものの、対象群のサンプルサイズに偏りがあることから解釈の一般化には課題が残る。また、自己報告式の質問紙調査であることからアセスメント及び理論・方法の実行度や、校内へのアプローチの実際の程度についてはばらつきが想定される。今回の調査からは各対象者について一定数配置されていることが確認はされたが、担任外による手続きが担任に及ぼす影響についての検討が必要である。今後、十分なサンプルサイズによる調査や、校内へのアプローチに関する他の項目についての調査や、アプローチされる側である校内の教員に対しての調査などを検討していく必要がある。

謝辞

　本調査に御協力頂きました各校の校長先生および回答者の先生方へは心より感謝申し上げます。また、予備調査にて貴重なご意見をくださいましたＳ県立知的障害特別支援学校の担任外の先生方にも感謝申し上げます。また、本研究を行うにあたり、東京学芸大学教職大学院への派遣をしてくださいました埼玉県教育委員会にも深謝の意を表します。

付記

　本研究は、第一著者が東京学芸大学に提出した専門学術論文の内容の一部を加筆・修正したものであり、一部内容について日本特殊教育学会第 60 回大会（つくば）にて発表したものである。

参考文献

平澤紀子（2019）支援者の実行を支えるサポート―スクールワイド PBS から―．行動分析学研究，33(2), 118-127.

今井善之・生川善雄（2014）知的障害特別支援学校における自立活動の現状と教員の課題意識（Ⅱ）．千葉大学教育学部研究紀要，62, 75-83.

加藤慎吾・小笠原恵（2016）知的障害特別支援学校の教師が行動問題支援過程において直面する困難の検討．特殊教育学研究，54(5), 283-291.

宮野雄太（2021）研究係の立場からの知的障害特別支援学校教員の協働場面に対する介入――事例継続検討プログラム「5 分間ミーティング」の導入を通して―．特殊教育学研究，59(1), 37-46.

文部科学省, 国立教育政策研究所（2014）OECD 国際教員指導環境調査（TALIS2013）のポイント https://www.mext.go.jp/component/b_menu/other/__icsFiles/afieldfile/2014/06/30/1349189_2.pdf（最終閲覧 2023/4/4）

文部科学省（2018a）特別支援学校教育要領・学習指導要領解説自立活動編（幼稚部・小学部・中学部）．102-121.

文部科学省（2018b）特別支援学校教育要領・学習指導要領解説各教科等偏（幼稚部・小学部・中学部）．26-36.

文部科学省, 国立教育政策研究所（2020）TALIS2018 報告書 vol.2―専門職としての教員と校長―のポイント https://www.nier.go.jp/kokusai/talis/pdf/tails2018-vol2.pdf（最終閲覧 2023/4/4）

文部科学省（2021a）新しい時代の特別支援教育の在り方に関する有識者会議報告 https://www.mext.go.jp/b_menu/shingi/chousa/shotou/154/mext_00644.html（最終閲覧 2022/1/13）

文部科学省（2021b）障害のある子供の教育支援の手引～子供たち一人一人の教育的

　　ニーズを踏まえた学びの充実に向けて〜 https://www.mext.go.jp/a_menu/shotou/tokubetu/material/1340250_00001.htm（最終閲覧 2023/4/4）

文部科学省（2022）教師の資質向上に関する指針・ガイドライン https://www.mext.go.jp/a_menu/shotou/kyoin/mext_01933.html（最終閲覧 2023/4/4）

村浦新之助（2023）知的障害特別教育教員の専門性向上に関する研究―準専門性をもつ校内教員による手続きに焦点を当てて―．教育支援協働学研究，5, 60-65.

織田揮準（1970）日本語の程度量表現用語に関する研究．教育心理学研究，18(3), 166-176.

全国特別支援学校知的障害教育校長会（2019）「令和元年度全国特別支援学校知的障害校長会情報交換資料」https://zentokucho.jp/titeki-report-r1-koukan/（最終閲覧 2023/4/4）

SNE ジャーナル，29(1)，2023，113−125

報　告

コロナ禍のスウェーデンにおける子どもの
メンタルヘルス問題の動向と発達支援の課題
―児童思春期精神障害中間ケア施設「BUP Mellanvård NV」の訪問調査を通して―

石川 衣紀　　　田部 絢子　　　能田 昴　　　石井 智也
（長崎大学）　　（金沢大学）　　（尚絅学院大学）　（兵庫教育大学）

内藤 千尋　　　池田 敦子　　　高橋 智
（山梨大学）　　（東海学院大学）　（日本大学）

Ⅰ．はじめに

　コロナ禍においては子どもの不安定な生活基盤や孤独・孤立、睡眠・生活リズムの困難、不安・緊張・抑うつ・ストレス等により、不登校・ひきこもり、心身症、自傷・摂食障害、自殺等のメンタルヘルス問題の急増・悪化等が世界各国で報告されている。いわゆる「新型コロナ後遺症（Long COVID）」も含めて、コロナ禍に伴う子どもの発達の困難・リスクへの長期的な支援は世界的にも緊要の課題である（能田ほか：2022、髙橋ほか：2023a・2023b）。

　高度な福祉国家といわれるスウェーデンにおいても、コロナ禍以前からうつ病や不安障害（不安神経症）の有病率が増加し続け（Socialstyrelsen：2021）、19歳未満の自殺は年間約50人であり15 〜 19歳の全死亡者のおよそ3分の1

キーワード
COVID-19　　COVID-19
スウェーデン　　Sweden
子ども　　Child
メンタルヘルス問題　　Mental Health Problems
児童思春期精神障害中間ケア施設（BUP Mellanvård）　　BUP Mellanvård

を占める（Santesson：2023）。さらにコロナ禍に伴う社会的交流の制限の影響は深刻であり、子どもにおける精神疾患の増加や身体の健康への影響が指摘されている（SVT Nyheter：2021、髙橋ほか：2023c）。

　スウェーデンでは子どものメンタルヘルス問題への危機感と支援要請の高まりを背景に、その対策の一つとして専門機関「BUP（Barn-och ungdomspsyki-atri、子ども・若者メンタルヘルスセンター）」が全県に設置されている。特にストックホルムやマルメなどの都市部の BUP には「中間ケア（Mellanvård）」施設が設置され、入退院を繰り返したり、入院レベルではないが在宅・通院では対応不十分なケース、家庭支援が必要な子ども・若者等を対象に、中間ケア施設の介在により医療・地域生活・学校教育等の連携協働に取り組んでいる。これは日本にはないシステムである。

　本稿では、スウェーデンのストックホルム市にある児童思春期精神障害中間ケア施設「BUP Mellanvård NV」への訪問調査（2023 年 3 月 17 日実施）を通して、コロナ禍のスウェーデンにおける子どものメンタルヘルス問題の動向と発達支援の課題を検討する。

　調査協力者は集中外来ケアセクション長の心理士・児童精神科医師等の 6 名の職員であり、主な調査内容は「BUP の中間ケアの取り組み」「コロナ禍におけるスウェーデンでの子どもの発達困難の状況」「学校・福祉・医療等の他機関との連携」「今後の子どものメンタルヘルスケアの課題」等であり、半構造化面接法（所要時間約 3 時間）によって行った。

　なお、本研究に開示すべき利益相反はなく、「BUP Mellanvård NV」の調査協力者には事前に文書にて「調査目的、調査結果の利用・発表方法、秘密保持と目的外使用禁止」について説明し、承認を得ている。

Ⅱ．コロナ禍のスウェーデンにおける子どもの　メンタルヘルス問題の動向

　スウェーデン公衆衛生庁（Folkhälsomyndigheten）によると、2021 年に精神科治療を受けた 18 歳未満の子どもは男子 5.7%・女子 5.5% とほぼ同じ割合だが、そのうち不安・うつ病の件数では女子が男子の 3 倍になっている

（Folkhälsomyndigheten：2023）。2022 年のスウェーデン全国公衆衛生調査では女子 73％、男子 46％が不安を抱え、そのうち女子 23％と男子 9％が重篤な問題を報告した（Folkhälsomyndigheten：2022）。コロナ禍に伴う社会的交流制限の影響が深刻であり、子どもの精神疾患の増加や健康への影響が懸念されている（SVT Nyheter：2021）。

　スウェーデンの子どもの権利擁護に関する全国組織「BRIS」は、2020 年のパンデミック発生以降、日常生活の変化や社会的な孤立によって、子どもの不安・抑うつなどの心理的・精神的問題の相談が増加したことを指摘している（BRIS：2021）。例えば 2020 年度では、メンタルヘルスに関する相談が前年度より 61％増加、とくに不安・自傷・摂食障害の相談数が顕著に増加している。強迫性神経症・パニック障害等の子どもはパンデミックによる不安が増幅し、摂食障害を有する子どもは在宅時間が増えると気晴らしの機会が少なくなるために症状が悪化したことも指摘されている。2022 年にはメンタルヘルスの相談件数はうつ・気分の落ち込みでは減少したが、摂食障害 17％増加、自殺 15％増加、自傷 14％増加というように、子どものメンタルヘルス問題は深刻化している（図 1）。とくに気がかりなのが子どもの自殺の相談件数が約 5,300 件であり、10 人に 1 人は自殺に関する相談を行っていることになる（BRIS：2023）。

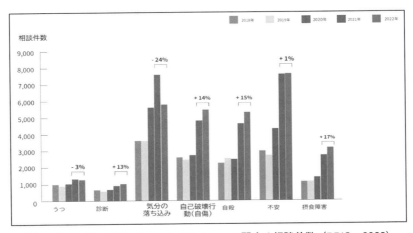

図 1　2018 年〜 2022 年のメンタルヘルスに関する相談件数（BRIS：2023）

　コロナ禍における子どものメンタルヘルス問題の悪化の一つとして摂食障害の新規患児数の増加や症状再発が世界各国で報告されている。例えば、ヨーテボリ市のサールグレンスカ大学病院摂食障害センターでは2019 ～ 2021 年の同センターへの紹介数は25 歳以下の患者で2 倍に増加、18 歳未満では5 倍に増加したことが報告され、その背景に「パンデミックの間、多くの若者が社会的文脈や日常生活から切り離されて」いることが指摘されている（Läkartidningen：2022）。スウェーデンにおいても「パンデミックによる不安増大と社会的つながりの減少がメンタルヘルスにも影響を与えている」とし、特に BUP による子どもの 24 時間ケア体制の重要性が指摘されている（Sveriges Kommuner och Regioner：2022a）。

　またコロナ禍において、若年女性（12 ～ 17 歳）の自傷の新患事例が顕著に増加しており（図2）、自傷の増加はパンデミック下の若年女性のメンタルヘルスの悪化を示唆するものであり、長期的にみると自傷と自殺には明確な関連があり、今後の問題化についての懸念が示されている（Socialstyrelsen：2022）。

　スウェーデン教育庁による学校調査では、長期間にわたるパンデミックが子どもの精神的・身体的健康に大きな影響を与えたとする教師の認識を紹介し、

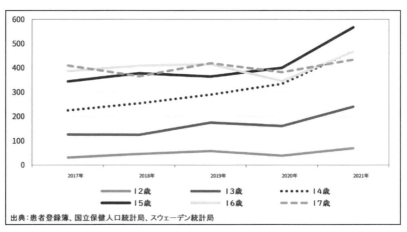

図2　自傷行為の新規患者数（12 ～ 17 歳女性）（Socialstyrelsen：2022）
※ 5 年間で初めて自己破壊行為の専門ケアを受けた人口 10 万人あたりの人数

子どもの社会的孤立、欠席率増加、オンライン教育推進に伴う「ホームシッター（ひきこもり）」のリスクを指摘している。教師は欠席する子どもが増えて登校を促すことが困難になっており、心理士等の専門家の支援が不足していると述べている（Skolverket：2022a）。

　スウェーデン教育庁は2021年度秋学期にも高校の校長と教師に調査を実施し、多くの教師がパンデミックにおける生徒の不安・抑うつ症状等のメンタルヘルスの悪化を報告している（Skolverket：2022b）。教師は「教師やクラスメイトのサポートがなく、一人で座っていたため、生徒はエネルギーを失い、落ち込んでいた」「生徒の不安と疲労の増加が顕著である」「多くの生徒は体調がとても悪く、学校を休んでいる」と述べている。対面授業が再開してもパンデミックによる制限は続き、生活習慣の混乱や日課の維持の困難等によってモチベーションやウェルビーイングの低下がみられた。ある教師は「生徒の体調が悪いのは、食事や睡眠、運動、その他の生活習慣において大切なルーティンから外れてしまったためであり、社会的接触の減少も関連している。よい生活習慣や日課のルーティンを維持する支援の必要性が高まっている」と述べている。

　学校監督庁（Skolinspektionen）が2021年2月〜3月に基礎学校（日本の小中学校に相当）56校の教師と子どもに行った調査では、多くの子どもがオンライン授業中に勉強や授業に対するモチベーションが低下し、授業についていけなくなったと回答し、例えば「何もかもがつまらなく感じる」「自分を律することが難しい」「最初はオンライン学習が刺激的だったが、すぐに飽きてしまい、他の人と会わないことに嫌気を抱くようになった」等の意見が挙げられた（Skolinspektionen：2021）。

　スウェーデン高校生協会（Sveriges Elevkårer）は、2021年にコロナ禍のメンタルヘルス問題についての全国高校生調査を実施している（Sveriges Elevkårer：2021）。オンライン学習によって健康に悪影響を受けたと感じる高校生は62％にのぼり、「燃え尽き症候群になり、学校へのモチベーションをすべて失い、プログラムを中退するところだった。オンライン授業は私にとって最悪の出来事だった」「私のうつ病はさらに悪化し、全く起き上がることができなかった」等の声が寄せられた。さらに35％の高校生が将来について不安

を感じており、「パンデミックにより私たちは孤立し、国内の状況に翻弄され、多くの高校生にとってこれは壊滅的なことだった。このせいで私たちは壊れた世代になってしまった」「数百メートル上空で綱渡りをしているような気分であり、一歩間違えたら終わり」という回答も示された。

Ⅲ．スウェーデンの当事者団体からみた
コロナ禍におけるメンタルヘルス問題と支援ニーズ

　スウェーデンの精神疾患・精神障害の当事者組織である「RSMH（Riksförbundet för Social och Mental Hälsa：全国社会精神保健協会）」の調査では、ストックホルム市民の17%が孤独を感じ、その3分の1が若者であること、欧州平均よりも一人暮らしが多いこと等を示し、コロナ禍におけるリモートの増加により職場・学校の社会的文脈が失われ、社交・交流関係が乏しい当事者は孤独感を経験せざるをえなかったことを指摘する（RSMH：2022）。

　スウェーデン発達障害当事者組織「Attention」は、2021年4月に約1,500人の発達障害当事者とその家族を対象に調査し、コロナ禍に発達障害当事者が受けた影響を明らかにしている（Attention：2021）。発達障害当事者の45%がメンタルヘルスの「深刻な悪化」「非常に深刻な悪化」を経験し、とくに「無意識に一人でいる」30%などが挙げられている。発達障害当事者はCOVID-19以前より不安・抑うつ・強迫観念等を経験していたが、コロナ禍において顕著に悪化したのである。当事者からは「生きる気力を失った。本当に寂しくなった」「絶え間ない不安や心配事がいつも雲のように漂っている」「疲れ、より脆弱になった。あらゆる面で生活の枠組みが失われ、物事を計画することが難しくなり、深い谷と山を行くジェットコースターのように感情の波がある」「言い争いが多くなり、お互いに衝突してしまう。子どもの抑うつ傾向や気持ちの落ち込みは、私たち親を不安にさせ、疲れさせる。コロナ禍では介護サービスや学校に何かを要求することは難しい」等の困難が挙げられている（Attention：2021）。

　このようにコロナ禍における「社会や周囲からの支援不足」「孤立感の高まり」等により、発達障害の本人・家族のメンタルヘルスに悪影響がもたらされ

たことがうかがえる。一方、デジタル化が進み、「社会的接触」が減り、メンタルヘルスが向上して日常生活が改善されたと回答する当事者もいることが明らかにされている。

　COVID-19 の感染者による相互交流のオンライングループから始まったスウェーデンコロナ協会（Svenska Covidföreningen）は、子どもの多くは感染しても重症化せず回復するが、感染の後遺症や長期的影響が不明であるため、「子どもへの COVID-19 の具体的影響について専門知識を集約し、患児の傍で臨床研究を行う子どものための学際的専門クリニックが必要」であることを子どものポストコロナ問題として提起している（Svenska Covidföreningen：2023）。また、子ども本人が感染していなくとも「COVID-19 により親や親戚を失うことは大きなトラウマを意味する。またこれは親やきょうだいが健康状態から深刻な病気になるのを見た子どもにも当てはまる」として、コロナ禍の喪失体験に対するケアの必要性を提起している。とくにスウェーデンでは他の北欧諸国に比して COVID-19 による死者数が多かったこともあり、家族を亡くした子どものケアは急務であることが想定される。

Ⅳ．BUP Mellanvård NV への訪問調査からみた コロナ禍における子どものメンタルヘルス問題

　BUP はスウェーデンの 21 県に設置され、専門的精神科医療を必要とする 0 〜 17 歳までの子どもを対象に治療や支援を提供している。BUP は「プライマリケア」「ユースレセプション」等の紹介がないと受診できない専門機関

写真 1 「BUP Mellanvård NV」の全景とインタビュー調査の様子

である（Sveriges Kommuner och Regioner：2022b）。0 ～ 17 歳の子どものうち BUP に繋がった子どもの数は 2017 年 5.5％、2021 年 6.2％であり、2017 ～ 2021 年の 5 年間に BUP 利用の子どもの数は 17,700 人（14％）増加している（Uppdrag Psykisk Hälsa）。

　BUP の一つである BUP ストックホルムは、ストックホルム県の公営医療システムに位置づく。集中的な精神科治療を外来診療所と連携して行う「集中外来ケアセクション」、深刻なうつ・自殺未遂・重度摂食障害等の入院診療を行う「緊急および 24 時間体制ケアセクション」、他の精神疾患を併発していない ADHD 等の子どもを対象とする「神経精神医学セクション」、「研究開発セクション」で構成される。ストックホルム県全体では約 1,000 人のスタッフが BUP に所属し、医師・看護師・作業療法士・心理士・ユーザーインフルエンスコーディネーター等による多職種連携を基盤としている（BUP Stockholm ウェブサイト）。

　BUP の「集中外来ケアセクション」は「デイケアユニット、DBT（Dialektisk beteendeterapi、対話的行動療法）チーム、精神疾患および双極性障害チーム、トラウマユニット、中間ケア」の 5 ユニットから構成されており、特徴的なものが「中間ケア（Mellanvård）」である。中間ケアは外来診療所で行われるケアよりも広範なサポートを必要とする摂食障害・自傷行為等の子どもに適しており、柔軟な支援によって 24 時間体制ケア（入院）等を防ぐことができる（Sveriges Kommuner och Regioner：2022b）。

　中間ケアの導入は 2005 年であり、入院治療でも通院（外来）のみでもケアが適切ではない子どもに応じたケア施設として誕生した。本人や家族のニーズによって治療方針を柔軟に変えていくことが重要であり、そのようなケアの場が患者本人からもスタッフからも強く求められていたことが背景にある。中間ケア施設の開始当初、医師はチームに含まれておらず、看護師・心理士・ソーシャルワーカー等から構成され、医師には適宜助言を求めていたが、2022 年より医師が加わることとなった。現在、この中間ケア施設には教育の専門家は在職していないが、学校との関係を密にしていくために仲介する教育専門家を求めている段階である。

　中間ケアが導入されると新たな患者として「ひきこもり・社会恐怖症」の子

どもが認識されるようになり、精神疾患の親をもつ子どもを含めて、各種の理由で外来診療を受けることが困難な状態にある場合において中間ケアの支援形態が有効であった。中間ケアの支援においては家庭訪問が重要な役割を果たし、学校や福祉サービスとのネットワークの構築や連携が行われた。またインターネット・ゲーム依存等の背景のコンピュータ使用のコントロールや睡眠・概日リズムの調整など、日常生活を維持するためのルーティン形成も中間ケアにおける重要な取り組みの一環である（Karolinska Institutets folkhälsoakademi：2009）。

　インタビュー調査に応じた集中外来ケアセクション長の Peter Ericson 氏（心理士、中間ケア設置を主導した人物）は、コロナ禍において自殺未遂の相談が多くみられると語った。スウェーデン公衆衛生局の 15 歳〜 29 歳の自殺者数の統計データをみると、2020 年には前年よりも減少し、2021 年には増加に転じた（Folkhalsomyndigheten：2022）。Zetterqvist ほか（2021）は非自殺性自傷行為（NSSI, nonsuicidal self-injury）の発症率は 2011 年 17.2％、2014 年 17.7％、2020 年〜 2021 年のコロナ禍においては 27.6％と急増し、COVID-19 が若者に及ぼす潜在的な心理社会的影響を十分に考慮する必要があることを指摘している。Ericson 氏はパンデミック中には BUP への訪問者数は減少したという認識を示している。コロナ禍でオンライン授業が増加したため、不登校傾向の子どもの心理的負担が軽くなり、不登校を理由とした受診が減り、家庭訪問により対応を継続した。しかし、コロナ禍における子どものメンタルヘルスがどのように変化したのか、子どものメンタルヘルスに関わる支援ニーズはどのようなものであったのかについては十分に検討されていないという印象を受けた。

　一方、コロナ禍で BUP への紹介数が大幅に増加したとされているスウェーデンの西イェータランド地域では診察待機時間の深刻化も指摘されている。当地域の BUP 調整評議会議長の Marie Carlsson は「BUP は何年もの間、診察待機時間の深刻化等のアクセシビリティに問題を抱えていたので、パンデミックになって診察待機をせざるをえない患者数が増加するのは明らかだ」としており（Sverige Radio：2021）、パンデミックによって BUP の意義・必要性とともにアクセス問題がさらに顕在化したのである。

V．おわりに

　本稿では、スウェーデンのストックホルム市にある児童思春期精神障害中間ケア施設「BUP Mellanvård NV」への訪問調査（2023 年 3 月 17 日実施）を通して、コロナ禍のスウェーデンにおける子どものメンタルヘルス問題の動向と発達支援の課題について検討してきた。

　高度な福祉国家といわれるスウェーデンにおいても、子どもはコロナ禍に伴う不安・孤独・孤立・うつ等と相まって不登校・ひきこもり、心身症、自傷・摂食障害、自殺等のメンタルヘルス問題を抱えており、その実態把握と発達支援において課題が山積していることが示された。

　BUP の診療体制の特徴である中間ケアは、子どもが日常生活から切り離されない環境で柔軟なケアを行えることに重要な意義があり、従来のシステムでは対応困難なケースにもチームアプローチが可能となるものだった。このチームアプローチの取り組みは、コロナ禍でより一層顕在化した不登校・ひきこもり、心身症、自傷・摂食障害、自殺等のメンタルヘルス問題の支援において重要な役割を果たすと考えられる。

　しかし、学校監督庁、スウェーデン高校生協会、子どもオンブズマンの実施した子ども本人への調査結果に共通していることは、学校等で子どもが教師等から声・意見・ニーズについて十分に聞かれていないという実態であった。子ども本人やメンタルヘルス問題の当事者団体が指摘しているように、子どものメンタルヘルス問題における各種の発達困難・リスクの把握については、当事者視点の弱さ等の課題が示された。

　OECD（2023）が「パンデミックは沈静化したが、世界的な青少年のメンタルヘルスの危機は依然として続いている」と言及するように、コロナ禍に伴う子どもの発達の困難・リスクへの長期的支援は重要課題である。コロナ禍で一層顕在化した長期欠席・不登校・ひきこもり、自傷・摂食障害、自殺等の子どものメンタルヘルス問題において、子どもがどのように生きづらさを感じ、何を求めているのかについて、子どもの一人ひとりの声・支援ニーズを正確に把握することが不可欠である（髙橋：2022、髙橋ほか：2023a・2023b）。

　北欧諸国の子どもの権利擁護団体の調査報告からも、コロナ禍に伴う子どものメンタルヘルス問題が「時間差」を伴って顕在化しているという指摘がなされている（BRIS：2023、Børns Vilkår：2022 など）。スウェーデンにおいては BUP と家庭・学校・関係機関および当事者団体等と連携協働した長期的なフォローアップが大きな課題となっているが、これは日本においても同様の喫緊の課題といえる。

　なお、本稿では未検討であるがコロナ禍で親・家族を亡くした子どものケアも緊要課題である。Imperial College London（2022）の推計では 2022 年 12 月 31 日現在、スウェーデンでは約 1,700 人の子どもが親もしくは祖父母を亡くしている（日本では約 2,700 人の子どもが親を亡くしている）。親・家族の喪失は子どものコロナ禍後遺症にも繋がる可能性が大きい問題でもあり、次の検討課題としたい。

附記

　2023 年 3 月に実施したスウェーデン・ストックホルム市の「BUP Mellanvård NV」の訪問調査研究においては、ストックホルム市在住のコーディネータ・通訳の佐々木ストックラッサ瑞子氏より多大なご協力・ご支援をいただいた。記して感謝申し上げる。

文献

Attention（2020）"Rutinerna slås sönder och plötsligt står vi helt utan stöd"– En undersökning om hur Covid-19 påverkar situationen för personer med neuropsykiatriska funktionsnedsättningar (NPF) och deras anhöriga.

Attention（2021）"Det mesta har ställts in"–Hur Covid-pandemin påverkat personer med NPF och deras anhöriga.

Børns Vilkår（2022）Analyse fra Børns Vilkår・Februar 2022 To år med en pandemi: Samtaler om corona på BørneTelefonen.

BRIS（2021）BRIS RAPPORT 2021:1ÅRSRAPPORT 2020.

BRIS（2023）BRIS RAPPORT 2023:1ÅRSRAPPORT 2022.

BUP Stockholm（2022）Så mår BUP –Årsberättelse 2022.

Folkhalsomyndigheten（2022）Statistik om suicid.

Folkhälsomyndigheten（2023）Statistik psykisk hälsa: barn under 18 år.

Imperial College London（2022）COVID-19 Orphanhood, Sweden.

石井智也・田部絢子・石川衣紀・内藤千尋・池田敦子・柴田真緒・能田昴・田中裕己・髙橋智（2021）スウェーデンにおける発達障害当事者組織による当事者支援─発達

障害当事者組織「Attention」への訪問調査を通して―、『日本福祉大学スポーツ科学論集』4、pp.93-97。

石川衣紀・田部絢子・髙橋智（2021）スウェーデンにおける子ども・若者の「不登校・ひきこもり」問題と当事者中心の支援、『長崎大学教育学部紀要』7、pp.95-106。

Karolinska Institutets folkhälsoakademi（2009）Utvärdering av Barn-och ungdomspsykiatrin (BUP) i Stockholms län.

Läkartidningen（2022）Efter pandemin –kraftig ökning av patienter med ätstörningar.

能田昴・石川衣紀・田部絢子・髙橋智（2021）スウェーデンにおけるコロナ禍と子どもの発達危機に関する動向、『SNE ジャーナル』27(1)、pp.158-168。

能田昴・田部絢子・石井智也・石川衣紀・内藤千尋・池田敦子・柴田真緒・髙橋智（2022）新型コロナ後遺症（Long COVID）と子どもの発達困難・リスクに関する研究動向、『尚絅学院大学紀要』84、pp.51-66。

OECD（2023）The Pandemic Has Waned, but a Global Youth Mental Health Crisis Persists.

RSMH（2022）Ensamhet –ett problem vi kan lösa tillsammans.

Santesson, A.（2023）Suicidriskbedömning, barn och unga.

Skolinspektionen（2021）Fjärr-och distansundervisning i grundskolan.

Skolverket（2022a）Covid-19-pandemins påverkan på elevhälsa och arbetsmiljö i grundskolan.

Skolverket（2022b）Covid-19-pandemins påverkan på elevhälsa och arbetsmiljö i gymnasieskolan.

Socialstyrelsen（2021）Kartläggning av första linjens verksamhet för barn och unga med psykisk ohälsa.

Socialstyrelsen（2022）Ökning av nya fall av avsiktlig självdestruktiv handling bland flickor under pandemiåret 2021.

Svenska Covidföreningen（2023）Särskilda satsningar på barn.

Sveriges Elevkårer（2021）Framtidsoro & psykisk ohälsa―Så har Sveriges gymnasieelever påverkats av distansundervisningen.

Sveriges Kommuner och Regioner（2022a）Besöken till BUP har ökat under pandemin.

Sveriges Kommuner och Regioner（2022b）En inblick i BUP 2021.

Sveriges Radio（2021）Remisser till BUP har ökat rejält –pandemin pekas ut som orsak.

SVT Nyheter（2021）Coronapandemin: Ökande ohälsa bland barn och unga.

田部絢子・髙橋智（2020）スウェーデンにおける摂食障害と「子ども・家族包括型発達支援」の課題―摂食障害センターおよび摂食障害当事者組織の訪問調査から―、『東京学芸大学紀要総合教育科学系』71、pp. 161–175。

髙橋智（2022）コロナ禍における子どもの「いのち・生活・発達」の危機と学校教育

の意義・役割、『教育学研究』89（1）、pp.87-89。

髙橋智・田部絢子・柴田真緒・石川衣紀・内藤千尋・能田昴（2023a）コロナ禍における子どもの「生活・学習・発達」の困難と支援ニーズ─全国の小中高校生調査から─、『日本大学文理学部人文科学研究所紀要』105、pp.1-16。

髙橋智・田部絢子・能田昴・内藤千尋・石井智也・石川衣紀・池田敦子（2023b）子どもは今まさに「コロナ禍の最前線にいる」─子どものコロナ禍後遺症と発達困難・リスクの動向─、『チャイルド・サイエンス』26、pp.35-59。

髙橋智・能田昴・田部絢子・内藤千尋・石井智也・石川衣紀・池田敦子（2023c）北欧諸国における子どもの「コロナ後遺症」問題と発達の困難・リスクに関する議論の動向、『日本大学文理学部人文科学研究所紀要』106。

Uppdrag Psykisk Hälsa：Kartläggningen Psykiatrin i siffror.

Zetterqvist, M., Jonsson, L.S., Landberg, Å., Svedin, C.G.（2021）A potential increase in adolescent nonsuicidal self-injury during covid-19: A comparison of data from three different time points during 2011-2021, Psychiatry Research, 305:114208.

報　告

知的ギフテッド児の保護者が抱える困難
―10 名への聞き取り調査から―

中西　美裕
（大阪大学大学院人間科学研究科）

伊藤　駿
（広島文化学園大学学芸学部）

Ⅰ．問題の所在

　本稿の目的は、知的ギフテッド児の保護者とその家庭が抱える困難を明らかにし、必要な支援の実現に向けた示唆を得ることにある。

　日本においてギフテッドという言葉は明確な定義をあえて与えられず、比較的広範囲の子どもたちを指し示す余地を残して使用されている（阿部・伊藤2023）。本稿におけるギフテッドという言葉は小泉（2014）に依拠し、WISC等の心理検査において高い値を示し、心理士や医師によりギフテッドと判断された知的ギフテッド児を意味するものとして用いる。こうした基準を用いることは、数値化されない子どもの才能を見逃すことにつながるとも考えられる。しかし、先の小泉が指摘しているように、日本の教育においては特に知的ギフテッド児のニーズに応答するシステムが存在していない。それゆえ、障害や貧困といった他の困難を抱えた子どもたちへのニーズの応答が整備されてきた中

キーワード
ギフテッド　Gifted
保護者　Parents
困難　Challenge
子育て　Child Rearing

で、知的ギフテッド児は高 IQ であるからこそ学校不適応など問題が表出しなければ対応されず、不登校などに陥っているケースが多々ある（小泉 2016）。これらより、その困難を把握するとともに必要な支援策を検討することは喫緊の課題であると考えられる。

　さて、先行研究においては知的ギフテッド児に限らず、才能教育（山内2018）や 2E 教育（関内 2017）など子どもを取り巻く制度や施策について、特に国外事例に注目した研究が蓄積されている。他方で国内研究では、医療・心理学の領域でギフテッド児の困難や特性に関する研究の蓄積が見られるものの（河村・湯澤 2022）、ギフテッド児本人が語る困難さや保護者のニーズについては研究者の耳目をほとんど集めてこなかったという指摘もある（村上・伊藤2023）。さらに「ギフティッドネスの多くはポジティブ、ネガティブの両面をもち、いずれの面が表に出るのかは状況、環境、あるいは、人の見方により変わる」（Webb et al. 2007 = 2019, p.202）とあるように、ギフテッド児の特性のみならず、それを取り巻く人々や支援のあり方といった環境について検討する視点が重要であることが言えよう。

　こうした背景を踏まえ、本研究では知的ギフテッド児（以下、ギフテッド児）の保護者に注目する。保護者は子どもの教育において重要な役割を担っており、先述のギフテッド児を取り巻く環境の一つでもある。これまでの特別ニーズ教育研究においても注目されており、例えば山口（2022）は、子どもが不登校に陥りそうになった際に教員や学校職員が保護者と連携することで、包摂を試みようとする実践を報告している。このように、保護者という存在は子どもの包摂を検討する上で欠かすことのできない視点であるだろう。

II. 調査の概要

1. 調査対象

　本研究では、オンラインを中心に開催されているギフテッドの子どもを持つ親の会に参加している方からインタビュー協力者を募った。本研究における調査対象者は、このうち①子どもが WISC などの知能検査を受けたことがある②その結果を受けて医師や心理士など第三者からギフテッド傾向の指摘を受け

たことがある　③小学生を養育する保護者である　の全てが該当する者とし、以下の10名を対象とした（表1）。

表1　対象者一覧

仮名	学年	性別	備考
Aさん	小2	男	行きしぶりあり
Bさん	小2	男	
Cさん	小2	女	
Dさん	小2	女	行きしぶりあり
Eさん	小2	男	かつて不登校、行きしぶりあり発達障害あり
Fさん	小2	男	別室登校（週1、2回）
Gさん	小3	男	通級指導教室（週1、2回）、補助員あり発達障害あり
Hさん	小3	男	不登校
Iさん	小3	男	行きしぶりあり、通級指導教室登校
Jさん	小3	男	行きしぶり

※学年はインタビュー当時の2022年度時点のものである。

2.　調査方法

　調査は、オンライン会議システム（Zoom）を用いた1時間程度の半構造化インタビューによって行った。質問内容は、ギフテッドと指摘を受けるに至った経緯や、家庭・学校での子ども及び保護者の困難、他の家族や教員、周囲の保護者との関係性、学校に求める支援や社会に期待することなどである。また、事前に協力者にインタビュー調査の概要を説明し、調査への参加の同意及び録音録画の同意を得た。その際、同意撤回が可能な点や、個人を特定する可能性のある情報は使用しない点を伝えた。インタビュー実施後、データを全て文字起こしし分析に用いた。

　分析は質的データ分析ソフトMAXQDA2022を使用し、インタビューの逐語録を特に困難という観点からコーディングしたところ、32個のコードが生成された。さらに抽出されたコードからその困難の様相に注目し、カテゴリー化を行った。その結果、「家庭内に押し込められる子育ての困難さ」「『行き詰まり感』を感じる現状の支援制度」「スティグマの生成の危惧」の3つのカテゴリーに分類された。

3. 倫理的配慮

　本研究の実施にあたって、研究倫理に関する手続きを行なった。筆者の所属する機関の所定の研究倫理審査の承認を得た上で、インタビューは上述の通り、事前及び事後にインタビューの撤回が可能なことや個人情報の保護について説明し、承諾を得ている。

Ⅲ．困難の諸相とその構造的要因

　以下ではその困難とその構造的要因を、先に述べた3つのカテゴリーから述べていく。

1. 家庭内に押し込められる子育ての困難さ

　ギフテッド児との関わりの中で保護者が感じる困難には、子どもの特性である「激しさ」や「繊細さ」（Webb et al. 2005 = 2019, pp.26-27）と学校をはじめとする社会の文化との不一致によって生じるものが大きい。ギフテッド児は、感情的にも生理学的にも繊細であることが明らかになっている。例えば、WISC-Ⅳにて言語 IQ が特に高 IQ である H さんの子どもは、幼くして学校での理不尽さに絶望したり、「この世界を明るく変えたい」という夢を語るなど正義感が強い一面を持っている。そして、学校でのトラブルを発端に抑鬱状態となり、周囲の大人や子どもへの不信感と心身の不調から不登校となっている。

　小学校の時ですね。すごくあんま良くない先生で。（中略）彼（我が子）自身割とコミュニケーション能力高いので、クラスでも人気者で割と楽しい人生だって思ってたんだけども。ふと下校中にその先生のことを思い出して、やっぱなんかこの世の中ってすごく辛いし、ひどい人がたくさんいるんだなと思った途端に、気持ちが急に冷めて、なんか今までのように、やっぱ友達ともあんまり。表面的には付き合うんだけども、気持ちはなんか1人ぼっちみたいなことを言ってました。（H さん）

　H さんは様々なエピソードから伺える子どもの「深い思考」に驚かされる一方、それゆえに生じる学校での過ごしづらさや孤独感については、保護者とし

てできることに限界を感じていた。

　また、ギフテッド児の激しさは「過興奮性」と呼ばれているように、強いこだわりや過集中といった行動特性を伴う。反復学習を嫌う特性や、文字を書くことの苦手さから、宿題ができない、させられないと悩む保護者の声も多かった（A さん、D さん）。日々の激しい癇癪に向き合うことに疲弊している保護者の中には子育ての困難さに対して支援が届いていない（届きにくい）現状が垣間見えた。その結果、時に保護者自身が自責の念に駆られることもある。

　本当、自分の問題に今度なっちゃうんですけど、息子の見守り方が難しい。（中略）うちの場合はまだまだ息子にとってのいいところ、息子の気持ちを大事にするってところが、まだ母の私がちょっと情けないことに寄り添いきれてなくて。（F さん）

　実際のところ F さんは、ペアレントトレーニングに通うほか、不登校傾向の息子に必要な支援や手がかりとなる情報を求めて日々奔走している。しかしそれでもなお、「寄り添い切れてなくて」と話し、自身を追い詰めながらも子育てを続ける必要があると考えていた。

　さらに、こうした子どもの特性や子育てについての悩みを、対象となった 10 家庭のうち 3 家庭は同居家族から理解を得られていないと語る。

　結局その診断結果が出たとこで、それを見せながらコピーもしながら、全くその担任の先生に言ったのと同じ形で伝えましたけど。（祖父母には）結果理解が難しいというとこに至るのかなと。（中略）例えばその気長に待とうとか、この子のこだわりこうだからっていう認める境地にはとても至っておらず、無理だなっていう感じでもう諦めてる。本当、私、親に預けたりとかしないので。一緒に住んでても、基本的に全然習い事の送迎とかも全部自分でやってるし、3 年間送迎自分でしてるし。（中略）やっぱり難しいなって感じで、こっちは距離を保ってるっていうかとってる。(C さん)

　C さんのように、祖父母の理解が得られないことで子育てのサポートを頼ることができない事例は、祖父母と同居していなくても見られた。他にも、同居家族や夫婦間で子どもについて理解が得られず、トラブルになるのを防ぐために距離をとる家族は少なくない（F さん）。その結果、特に子どもが低学年の時などはいわゆる「ワンオペ」状態が続いてしまったり、子育ての相談ができ

なかったりする状況の家庭もあった。

　このように、保護者が孤立感を抱えたり努力不足のように自責したりしてしまう背景には、ギフテッドに関する情報の不足はもちろん、各家庭が子育てに関する支援情報を得るために動く必要があるという規範意識が窺える。これらは先行研究においても、マイノリティの子を持つ保護者にとって、子育ての情報を収集すること自体困難であると指摘されている（安藤 2021）ことと重なる。

2. 「行き詰まり感」を感じる現状の支援制度

　一方で、幼児期の発達相談や就学前相談などで知能検査を受けたり、医療機関の受診を勧められたりする家庭もあった。ただ、それを受け受検を試みても問題がないといった理由で検査を断られることもある。例えば B さんは、子育てに悩む中で何度も「ことばの教室」や病院で検査を受けた方が良いのではないかと相談したものの、「検査を受けるまでもない」と言われ、結果として自費で WISC を受けた。このように、子育てに悩んでいても不要な悩みとして切り捨てられると、行政や支援機関のネットワークにも組み込まれにくく、制度からも孤立を深めてしまう。

　その他にも、検査を受けるまでや、受けてから結果が返ってくるまでに時間を要する人も多く、毎日子どもと向き合わざるを得ない保護者にとっては負担となっている。

　IQ が低い場合は学校でやれるけど、高い場合、高い疑いがある場合、今やってくれないので、探さなきゃいけないんですけど、WISC 受けようと思ってから、結局 4 ヶ月くらいかかりました。（J さん）

　さらに検査を受ければ問題が解決するということではなく、むしろその結果をもとに支援方策を検討していくことが必要となる。しかし、保護者の中には得られた結果について十分に説明を受けられなかったり、高 IQ を理由に支援に言及されなかったりする人も多い。そのため、検査結果の理解や解釈までも保護者にその責任が帰着される。

　WISC について知識がない中聞きに行ってしまったので、指数とか点数を言われても、それが普通なのか、普通じゃないのかがよくわからなかったんで

す。（A さん）

WISC を受けるタイミング時には、結果の時にはギフテッド傾向だねとかっていうのは言われるんですけど、その後の専門家からのケアとか、アクションとしては、そういうギフテッドとしてどうしましょうかみたいのはないので。（G さん）

A さん、G さんは共に、困難さの要因としてギフテッドと提示されてもその後支援につながらないため、ギフテッドという言葉でその困難を表現されたとしても八方塞がりに感じてしまっていた。これらは、医療などの専門機関のみならず、教育現場でも同様である。子育てについて悩んでいることを保育園・幼稚園や学校に説明しても、状況や悩みが理解されなかったり、適切な支援について検討してもらえなかったりする様子も語られた。

保育園では（癇癪は）なかったみたいで。保育園の先生には一切共感してもらえず、園では問題ありませんと 3 年間言われ。（C さん）

いや、全然理解されてないなと思っていて。（中略）とにかくやっぱりどっちかっていうと、トラブルは起こしてほしくないからどうやったらトラブルがなくなりますかね、みたいな。あんまりその実際、特性がどうとかにはあんまり関心がなくて、スムーズにやっていくためにはどうすることができるのかっていう方に注目されるっていう感じですかね。（G さん）

ギフテッド児の抱える困難は、決して学校の授業がつまらないといったことや勉強がよくできることに由来する困難ばかりではない。G さんの子どものように、通級に通いながらソーシャルスキルトレーニングを必要とする子どももいる。しかし、こうした特性を学校はギフテッド児としての特性ではなく、あくまでトラブルを起こす子どもの特性として捉えていると G さんは感じ、「全然理解されてないな」と疲弊している。実際、子どもの困りごとを相談し他の子どもと異なる対応を依頼したとしても、周囲と足並みを揃えることを重視する学校文化のもと、「特別扱い」は忌避され、支援の実現が困難であるケースは少なくない（志水・清水 2001）。子ども個人の困難に寄り添うことを主たる狙いにするのではなく、教室運営を「スムーズにやっていくために」支援を検討する学校に対して、保護者が繰り返し支援策を打診する中で、学校と保護者の間に子どもの支援に関して溝ができてしまっていることが読み取れる。

　このように、ギフテッド傾向が指摘され、困難の原因や特性の説明として
ギフテッドだと保護者が理解したあとも適切な支援策が提示されないことか
ら「行き詰まり感」を覚えてしまう保護者の現状が窺えた。その理由の一つに
は、日本の現状の特別支援教育では障害を中心とした狭義の特別な教育的ニー
ズを有する子どもが対象となっていることが挙げられる。日本における特別支
援教育では、その対象を主に障害と関連づけて発展してきたため、障害の診断
を持つ子どものみを対象に個別の指導計画を作成する事例があるなど（総務
省 2017）、ギフテッド児に対する支援は現状制度化されていない（石田 2023）。
そのため、自治体や学校ごとに支援が受けられるかどうかの対応が異なり、手
厚い支援を受けられるとは限らない。さらに、全ての保護者が子どもの困難や
特性を伝えた上で、どのような支援を求めるべきなのかという悩みに直面して
いた。

　一方、ギフテッドという言葉を用いると困難さを理解してもらったり、共感
してもらったりできないと保護者自身が感じてしまう状況が存在していること
が明らかになった。次節ではそのことについて述べていくこととする。

3.　スティグマの生成の危惧

　本稿の調査対象者は、ほとんどの家庭がギフテッド特性、あるいはギフテッ
ドという言葉を周囲の保護者に話さないという選択をとっていた。また、その
中には過去に話したことで傷ついた経験を持つ保護者もいる。しかし、ギフ
テッド児であるという旨を話さないと決めた保護者も「話したい」気持ちはあ
り、その折衷案として子どもの行動など目にみえる範囲のことだけを伝えると
いう保護者もいる。

　同じ小学校（のママ友）では（ギフテッドだと伝えている人は）いないです
　ね、別の小学校とか、昔からの知ってるママ友だったりはいますけど、そう
　いう子には ADHD でって話してますけど、同じ小学校でっていうのはい
　ないですね。（E さん）

　（子どものギフテッド特性について）話したいですね。全然宿題をしてくれ
　やんとか、なんか生活が全然できやん。その困り事とか、すごい 1 年生の
　時とか、すごくもんもんしてました。(中略) こういうので小児精神科に行っ

**てて困ってる、みたいな感じで話を聞いてもらうことあったけど、同級生の
お母さん、仲良くはしとるけど、そういう息子のこと（ギフテッド特性や困
り事）は一切言わないですね。(I さん)**

　秋風（2013）や大曲（2023）が指摘する通り、発達障害であることや精神科
に通っていることを周囲からのまなざしを理由に話さないという選択をする人
は少なくない。しかし、先の2人の語りからは、発達障害や通院のことは周囲
の保護者に共有することができるが、むしろギフテッドという言葉を用いるこ
とに大きな抵抗感が窺える。それは**「マウントを取ってるみたいな受け止められ
方をしそうだなっていう気はしてます」(E さん)** と語られるように、保護
者同士の会話において子どもの「できなさ」について話すことはできても「よ
くできる」ことについて話すことは平穏な関係性を築くことを危うくする恐れ
があると感じられているからである。すなわち、ギフテッドという言葉が「よ
くできる」側面にスポットライトを当てた言葉として社会の中で認知されてい
ることを保護者は経験的に学んでいるからこそ、ギフテッドという言葉を使っ
ていないと捉えられる。

　さらに、学校に対しても同様の対応をしている保護者もいる。

**うちの子ギフテッドなんですって言って、特別扱いして欲しい親なのかなっ
て思われて、子どもに弊害が及ぶのが嫌だったり。あとは、ギフテッドって
言ってたけど、ま、成績いいかもしんないけど、できないよねみたいな（と
思われたり）。(中略) 先生から変だとか言われたら嫌だなと思ってあんまり
詳しくまだ言ってないです。(B さん)**

**ギフテッドですという言い方はしてないんです、実は。多分本当にギフテッ
ドっていう概念が本当、人によって多分捉え方が違うし、曖昧だなって思っ
ているので。変になんか能力高いですみたいに誤解されても嫌だなと思って
るので、どちらかというと、困ってる方の支援をしてほしいっていう（中
略）伝え方をしていて。(G さん)**

　Bさんは、学校にギフテッド児として子どもの説明を行うことがむしろ「子
どもに弊害が及ぶ」可能性があると考えており、「先生から変だとか言われ」
ることを危惧している。また、Gさんが「能力高いですみたいに誤解されても
嫌」と言うように、保護者らはギフテッド児だと伝えても支援が得られない可

能性を想定している。

　これらからまず、自身の目の前にいる対応の難しい特性を持った子どもと、ギフテッドという言葉で想起されがちな能力の高い子どもの姿とのギャップによって困難の理解が得られなかったり、その後の支援につながらなかったりした経験がある人がいることが伺える。さらにそれを踏まえ、保護者自身がギフテッドという言葉では困難さを持たない、勉強のよくできる IQ の高い人を想起させてしまうだろうと内面化してしまっているために、ギフテッドという言葉では子育ての困難さや子どもへの支援の必要性を伝えられないと考え、意図的に使用を回避していることがわかる。

　そのため、インタビューでは口を揃えて「社会にもっとギフテッド児の困難についての理解を深めてほしい」「ギフテッド児のすごさではなく困難さに焦点を当ててほしい」といった旨の意見が得られた。他方で、ギフテッドという言葉が困難さを併せ持つ人だという点のみが強調されることもまた正しい理解につながらないと考えている人もいる。

　ギフテッドってやっぱラベリングに繋がるので、あいつギフテッドだよっていう偏見とか、差別を生む言葉だと思うんですね。（中略）ギフテッドっていうものが世の中で認知されることはいいんだけどもそれって、あくまでちょっと変人だよねと。天才って言うけど、なんかちょっと変わった人たちだよねっていう感じの扱いを受けて迫害されるのは日本だと容易にあり得る展開なので、そこはやっぱり慎重にね。（H さん）

　このように、H さんはギフテッドという言葉の理解が促されたとしたとしても、それは他者との差異を強調する機能を有するため、結果として偏見や差別につながる、すなわちスティグマ化のリスクを孕んでいると考えている。それでは、こうした状況を踏まえ、我々は今後のどのような研究を進めていけば良いのだろうか。

IV．インプリケーション

　ここまでの議論を総括すれば、ギフテッド児を抱える保護者は子育てや子どもの学校生活への適応に関連する多くの困難に直面していたといえよう。もち

ろん、こうした困難の中にはギフテッド特有のものもあれば、これまでの特別ニーズ教育研究で蓄積されてきた知見と類似するものも見られる。例えば、Ⅲ.1. の子どもの特性に関する困難を保護者が抱え込んでしまう点や家族の理解・協力の有無による困難などは、障害児研究でも指摘されてきた（中田・筒井 2014）。他方で、Ⅲ.2. で述べたように「ギフテッドという指摘のその後」の制度が不十分なため、医療機関や学校での支援制度で利用できるものが少なく、保護者としては困難の抜け道が見つからない状態となっていた。また、Ⅲ.3. で指摘したように、ギフテッドという言葉ではその困難が理解されにくいために周囲の人々との会話や支援要請に際して使用が意図的に避けられている現状が明らかとなった。

　本研究で示唆される知見は二つある。一つは、現状ギフテッドという括りで支援される制度や学校システムが存在しないために保護者は打つ手がない、すなわち「行き詰まり感」を覚えていることである。もう一つは、単にマイノリティであるが故に理解や共感が得られないだけでなく、ギフテッドという言葉の社会的イメージによって妬みや支援の不要性を想起させてしまうことを保護者が内面化しているために語りづらくなり、困難が増幅していることを指摘したい。

　こうした状況を踏まえれば、ギフテッド児の保護者への支援の充実は論を俟たない。さらに単に支援を広げていくだけでなく、ギフテッドという言葉の有する多義的なニュアンスを正しく広げていくことが求められる。その観点を欠いたまま、ギフテッドという言葉が流布することは、ともすればスティグマ化を招きかねない。いかにしてギフテッドというラベルに包摂的志向性を付与していけるのか、また保護者の相談支援はどのように充実させることができるのか、ギフテッドの子どもたちのニーズに応答可能な学校・地域での子育て環境の整備はいかに可能なのかなど、ギフテッドの子どもたち、保護者たちを支える研究がいま求められている。

謝辞

　本研究の実施にあたりインタビュー調査にご協力いただきました皆様に御礼申し上げます。また本研究は科研費（21K18486 および 22K02375）の成果の一部である。

参考文献

阿部朋美・伊藤和行（2023）『ギフテッドの光と影』朝日新聞出版。

秋風知恵（2013）『軽度障害の社会学』ハーベスト社。

安藤久美子（2021）「外国人の保護者の子育て支援についての一考察」『愛知教育大学教育臨床総合センター紀要』11, pp.19-26.

石田祥代（2023）「特別な教育的ニーズのある優秀児とその教育的支援に関する動向」『発達障害研究』44（4）, pp.323-333.

James T. Webb, Edward R. Amend, Paul Beljan, Nadia E. Webb, Marianne Kuzujanakis, Richard Olenchak, Jean Goerss（2005）*Misdiagnosis and Dual Diagnoses of Gifted Children and Adults: ADHD, Bipolar, Ocd, Asperger's, Depression, and Other Disorders*, Great Potential Press.（＝2019, 角谷詩織・榊原洋一監訳『ギフティッド　その誤診と重複診断—心理・医療・教育の現場から—』北大路書房）

James T. Webb, Janet L. Gore, Edward R. Amend, Arlene R. Devries（2007）*A Parent's Guide to Gifted Children*, Great Potential Press.（＝2019, 角谷詩織訳『わが子がギフティッドかもしれないと思ったら—問題解決と飛躍のための実践的ガイド—』春秋社）

河村暁・湯澤正通（2022）「不登校児のワーキングメモリに関する一事例報告」『広島文化学園大学学芸学部紀要』12, pp.25-30.

小泉雅彦（2014）「読み書き困難を持つ知的ギフテッドの支援」『子ども発達臨床研究』6, pp.131-136.

小泉雅彦（2016）「認知機能にアンバランスを抱えるこどもの「生きづらさ」と教育」『北海道大学大学院教育学研究院紀要』124, pp.145-151.

村上詩織・伊藤駿（2023）「ギフテッドの子ども支援に関する研究動向と課題」『子ども学論集』9, pp.25-37.

中田洋二郎・筒井恵里子（2014）「現在の発達障害における母親の精神的ストレスについて—定性的データ分析の試みを通して—」『立正大学臨床心理学研究』12, pp.1-12.

大曲睦恵（2023）「精神疾患のある親を持つ子どもと家族への支援」『ルーテル学院研究紀要』56, pp.43-55.

関内偉一郎（2017）「ASD才能児を対象とした学習支援に関する研究— 2E教育の理論と実践的応用—」『SNEジャーナル』23（1）, pp.100-118

志水宏吉・清水睦美編著（2001）『ニューカマーと教育 学校文化とエスニシティの葛藤をめぐって』明石書店。

総務省（2017）「発達障害者支援に関する行政評価・監視〈結果に基づく勧告〉」https://www.soumu.go.jp/menu_news/s-news/110614.html（最終閲覧：2023/04/25）。

山内乾史編（2018）『才能教育の国際比較』東信堂。

山口真美（2022）「登校をめぐる教員の支援の様相—小学校の児童生徒支援加配教員の仕事の検討から—」『SNEジャーナル』28（1）, pp.97-109.

書評

柴垣　登著

『インクルーシブ教育のかたち
―都道府県ごとの特別支援教育の違いから―』

（春風社、2022 年）

評者：伊藤　駿（広島文化学園大学）

　本書は、著者である柴垣登氏が立命館大学大学院先端総合学術研究科に学位論文として提出した原稿を加筆・修正したものである。本評では、まず本書の内容を章ごとに簡潔に述べ、その後評者の所感とコメントを述べるという形式を取る。本書は、序章と終章を含めて 8 章で構成されている。

　まず序章において、本書の目的と問題意識が述べられ、特に本書が注目する就学先決定における当事者（本人と保護者）を取り巻く状況を明らかにすることの必要性が指摘される。さらにインクルーシブ教育の議論が二分法的な理念論にとどまっており、これを乗り越えるためには、いずれの立場が正しいかといった議論ではなく、制度面や財政面に注目した地に足のついた議論が必要であることが述べられている。

　この問題意識を受け、第 1 章では「特別支援教育の在り方に関する特別委員会」（以下、特特委）の議論に着目し、第一に「特特委がどのような方向性をもって就学先決定のあり方について議論したのか」第二に「論点整理に示された就学先決定のあり方の中で保護者がどのように位置付けられているのか」を明らかにしている。さらにその上で「論点整理における就学先決定の仕組みの中の保護者の位置づけが、特特委報告にどのように引き継がれていったのか」が検討される。その結果として、就学先決定の仕組みについては、本人や保護者の意向を「可能な限り尊重する」ことに止まっており、市町村教育委員会が最終的な決定権をもつ状況が変わっていないこと、さらにそのような状況においては通常教育あるいは通常学級において障害のある子どもも含めて特別な教育的ニーズを有する子どもを包摂するインクルーシブ教育の実現には至らない

と筆者は指摘している。

　続く第2章では、障がい者制度改革推進会議（以下、推進会議）と特特委の議論において財政の側面がどのように扱われてきたのかを明らかにしている。結果として推進会議では通常学級への全員就学という理念が重視され、財政面の問題に踏み込んだ議論は行われていなかったという。他方で特特委では、本書74頁の表に示されるようにインクルーシブ教育の推進にかかる莫大なコストが試算され提示された。さらに文科省が現行の特別支援教育体制を堅持しつつインクルーシブ教育システムを構築するという方針を変えなかった背景として、現行の仕組みの継続を重視する学校現場の意識があると考察がなされている。

　第3章では、特別支援学校教員1人あたりの児童生徒数、通級による指導担当教員1人当たりの児童生徒数、特別支援教育支援員の活用状況、特別支援学校費の状況、特別支援教育の対象とされる児童生徒の割合といった観点に着目し、その都道府県間の差異について議論がなされる。結果としてまず、都道府県間の差異が認められ、さらに特別支援学校教員1人あたりの生徒数が増加している一方で、通級による指導担当教員1人あたり担当児童生徒数が減少していることや児童生徒総数に占める通級対象児童生徒数割合が増加していることが明らかにされている。そしてこのことをもとに、通常学級における支援を必要とする児童生徒が増加し、その対応が課題になっていることを推察している。また、都道府県間の差異が生じる要因について、都道府県の財政力および、特別支援学級等への独自の人員配置を行うといった、都道府県独自の取組みという観点から検討している。

　また、第4章では特別支援学校費の状況について、特に特別支援学校在籍者1人あたりの経費に注目し、その都道府県間の差異を考察している。結果として、都道府県の財政力の高低よりも、1校あたりの児童生徒数といった学校規模をはじめとする特別支援学校の整備条件の違いが要因として推察されると指摘している。

　第5章では、各都道府県において特別支援教育の対象とされている児童生徒数の割合の差異について分析している。その結果として、特別支援教育対象児童生徒数が増加している要因について、通常学級で教育を受けられるような知

的発達に遅れのない発達障害児童生徒が、その発達障害と軽度知的障害の概念の曖昧さゆえに、特別支援教育の場に送り込まれたり、流れ込んだりしていることを指摘している。また、特別支援教育対象児童生徒割合の都道府県間の差異が生じている理由として、都道府県の特別支援教育推進の基本的な考え方の差異および、知的発達に遅れのない発達障害の子どもへの対応に差異が挙げられると述べている。

　第6章では、ここまでの結論を踏まえて、インクルーシブ教育実現のための方策について、就学制度・財政・教育内容の観点から分析される。筆者はその方策として、現在の教育費の支出方法について学級を基準として支出する方法から、障害のある子ども一人一人に支出する方法へと転換すること、また、通常学級における教育内容や教育方法の改善を図っていくことを挙げている。

　終章においては、6章に引き続きインクルーシブ教育の実現に向けて、当事者である本人・保護者の選択権を保障するための就学制度への転換や、通常学級も含めた学校教育全体の改革の視点が必要であると指摘される。さらに筆者は、専門家による当事者不在の議論ではなく、現状を踏まえた現実的な対応策を検討することが改革を進めていく上で必要であると述べる。そしてそのヒントは現場の実践にあり、そのヒントに基づいて実際に教育制度を変更する上での財政の問題などを明らかにしていくことが必要であると述べている。

　上記の通り、本書はインクルーシブ教育の実態を複数の観点から都道府県間の差異に注目し議論をしている。同じ日本国内であっても、また同じインクルーシブ教育という言葉で表現されるものであってもその実態が大きく異なることを実証した本書は、教育の公平性を毀損している可能性を指摘するものであり、示唆に富んだ一冊に違いない。

　その上で、評者として2点本書に対する疑問点を提示したい。第一に本書はどの研究領域に位置づくものであるのかということである。もし特別ニーズ教育研究やインクルーシブ教育研究に位置づくのであれば、教育の公平性や格差の問題は諸外国で多く蓄積されている（例えば、トムリンソン 2017=2022）。こうした諸外国の議論は本書で参照されておらず、読者に対して本書で取り組まれた調査・分析の意義が十分に伝わりきらないのではないかと考えられる。また、もし教育行財政研究に位置づくのであれば、例えばインクルーシブ教育

システムに向けた課題を学級編成や就学指導、教育条件の低下という観点から検討している山﨑（2021）などを踏まえた上での議論が必要ではないかと思われる。もちろん、本書が複数のディシプリンを架橋する研究であることには違いないが、それぞれの研究領域に対する位置づけが明確になることで、本書の意義がより一層伝わるのではないかと考える。

　第二に本書のタイトル『インクルーシブ教育のかたち』についてである。率直に述べれば、本書が論じているのは「特別支援教育のかたち」であり、それをすなわち「インクルーシブ教育のかたち」と表現して良いのだろうかという疑問が浮かぶ。むしろ本書は現行の特別支援教育の実態を明らかにし、インクルーシブ教育に向けた教育改革の実現をめざすものであると評者には読み取れた。そうであるならば、本書の中心はやはり「特別支援教育のかたち」を明らかにするものなのではないだろうか。

　しかし本書はこうした疑問以上に、今後のインクルーシブ教育研究を進めていくにあたっての具体的な示唆を与えてくれるものに違いない。特に都道府県間の差異を実証している点は、量的・質的研究を問わず今後の研究の論点をより広げるものである。そうした点でもインクルーシブ教育研究を進めていく上で必読の書であり、また実践をしていく中でも自身の目の前にある制度や取り組みが全国的に見るとどのような位置にあるのかという客観的視点を与えてくれるものである。

【参考文献】
　トムリンソン・サリー，古田弘子・伊藤駿監訳（2022）『特殊教育・インクルーシブ教育の社会学』明石書店。
　山﨑洋介（2021）「『インクルーシブ教育システム』による学級編制，就学指導の変化と教育条件の質的低下について」『日本教育法学会年報』50，pp.169-178.

142　　　　　　　　　　SNE ジャーナル，29(1)，2023，142 – 146

書評

石井智也著

『戦前の東京市の初等教育と
「特別な教育的配慮・対応」の研究』

（風間書房、2022 年）

評者：阪本美江（芦屋大学）

　本書は、2019 年 3 月に東京学芸大学大学院連合学校教育学研究科に提出された博士（教育学）学位論文「明治・大正期の東京市における初等教育の成立・普及と「特別な教育的対応・配慮」に関する歴史的研究」に加除・修正が加えられて出版されたものである。本書では、子どもの多様な就学困難に応じた「特別な教育的配慮・対応」が歴史的にどのような経緯のもとに誕生し実践され制度化されたのかを解明するために、戦前の東京市に着目して検討がなされている。元となった博士論文は、執筆過程において、科学研究費をはじめとした各種研究助成を受けるのみならず、日本特別ニーズ教育学会並びに社会事業史学会において研究奨励賞を受賞している（p.305）。

　本書の構成は「第 1 部　明治・大正期の初等教育の成立・普及と「特別な教育的配慮・対応」の制度化に関する研究動向」（第 1 ～ 2 章）、「第 2 部　明治期の初等教育の成立・普及と「特別な教育的配慮・対応」の制度化」（第 3 ～ 5 章）、「第 3 部　大正期の初等教育の普及・拡充と「特別な教育的配慮・対応」の制度化」（第 6 ～ 9 章）の全 3 部から構成されている。以下、各章の概要を示す。

　第 1 章「明治期における初等教育の成立・普及と「特別な教育的配慮・対応」システムに関する教育史研究の動向と課題」では、明治期の研究動向を通じて、これまで「傍系」「例外」的なものとして捉えられてきた「貧民小学、夜学校、小学簡易科、慈善学校、子守学校」「特殊小学校、特殊夜学校（夜間小学校）、工場内特別教授」等の多様な初等教育機関における多様な教育的配慮・対応が、多くの子どもたちの就学を促進していたことが明らかにされ、と

くに「特別な教育的配慮・対応」の提供が、「貧困・児童労働・不就学」等に
伴う教育困難をもつ子どもの生活・健康衛生・発育改善においてきわめて重要
な教育的意義・役割を有するものであったことが示唆された。

　第2章「大正期における初等教育の普及・拡充と「特別な教育的配慮・対
応」システムに関する教育史研究の動向と課題」では、大正期の研究動向を通
じて、当時の新教育の取り組みや学校衛生・衛生教育によって「貧困・児童労
働・不就学」等の子どもへの「特別な教育的配慮・対応」がなされ、その一環
として、学習困難や身体虚弱児を含めた多様な生活と発達上の困難をもつ子ど
ものための特別学級が編制されていたことが明らかにされた。とくに東京等の
都市部では、総合的な教育改善事業が実施されており、「貧困・児童労働・中
途退学・不就学」等の子どもへの教育的対応が促進されたことが示された。以
上のような多様な困難をもつ子どもへの教育的配慮・対応が、この時期の都市
政策や教育救済事業、特別学級編制等の一連の都市教育行政においてどのよう
に展開されたのか、従来の研究では十分に明らかにされておらず、東京市等の
一都市に着目した実証的な研究の意義が本章において示された。

　第3章「1900年小学校令改正前の東京市域の子どもの「貧困・児童労働・
不就学」問題と多様な初等教育機関」では、小学校令改正以前においては、多
様な初等教育機関である「私立小学校」「小学簡易科」「夜学校」等が、明治中
期における産業化・工業化・近代化によって顕在化した「貧困・児童労働・不
就学」等の教育困難を有する子どもに対して、授業料無償、学用品の貸与、衛
生面の配慮、職業訓練、二部教授編制、夜学部の設置といった教育的配慮を実
施する等、「貧困層」等への教育的対応の実際が明らかにされた。

　第4章「1900年小学校令改正以降の東京市における初等教育普及と「貧困・
児童労働・不就学」問題への対応」においては、小学校令改正以降東京市では
庶民層・都市下層・貧困層の就学を確実に促すために、子どもの生活実態に応
じた初等教育機関である「特殊小学校」「特殊夜学校（夜間小学校）」を開設す
るとともに、成績不良による落第・退学を防止するための「劣等児取扱規定」
「丁児取扱規定」の制定、身体検査・学校医等の学校衛生の強化をはじめとし
た多様な教育的配慮が実施されていたことが明らかにされた。またそれら学校
での取り組みが、公立尋常小学校において実施された特別学級編制、学校衛生

の強化等の教育的配慮という点で共通性・連続性をもつものであったことも示唆された。

　第5章「1900年代の東京市における「特殊小学校」「夜間小学校」の開設と子どもの「貧困・児童労働・不就学」問題への対応」では、小学校令改正以降の「特殊小学校」「特殊夜学校（夜間小学校）」における、多様な教育困難をもつ子どもへの「特別な教育的配慮・対応」の実際が明らかにされた。その結果、万年、鮫ヶ橋、林町、菊川、猿江各小学校において生活改善につながる教育等、多様な教育的配慮・対応が実施されていたことや、1910年代に入ると貧困層の子どもの健康・発達に関わる調査も実施され、社会事業や児童保護事業を通して貧困層の生活改善を行う必要性が強調されるようになったことも明らかにされた。また、1910年以降、多様な特別学級の形態が認められたが、在籍する児童の多くは貧困・疾病・健康問題・児童労働・非行等の困難を抱えていたことも明らかにされた。

　第6章「1920年代における東京市長・後藤新平の児童保護施策と教育改善事業」及び第7章「1920年代における東京市教育課の教育救済事業と特別学級編制」では、まず第6章において、1920年代の東京市における教育救済事業の促進を支えた後藤新平による児童保護事業と教育改善事業の特徴についての検討がなされ、両事業が契機となって、貧困や児童労働等による子どもの不就学、二部・三部教授や過大学級等の教育問題がいっそう焦点化され、多様な困難をもつ子どもの特別学級設置等の教育救済事業の推進がなされたことが明らかにされた。さらに第7章では、1920年前後における東京市の教育救済事業と特別学級編制に着目し、東京市教育課が如何に児童・教育問題を認識し、救済事業の一環としてどのように特別学級を設置したのかについての検討がなされた。1922年には東京市視学であった本田親二が中心となり、市内の公立尋常小学校18校に特別学級を開設し、子どもの個性や特質に応じた教育が実施されていたことも明らかにされた。

　第8章「1920年代の東京市における特別学級の児童実態と教育実践」では、東京市教育課が児童労働・不就学・学業不振等の改善の一環として実施した特別学級編制の実際を検討するために、同時期に設置された林町・太平両小学校特別学級に焦点をあて、当該学級開設の経緯や児童の実態及び教育実践がまず

は明らかにされた。さらにそれら学校が、上述の新設された18の特別学級に
どのような影響を与えていたのかについても検討がなされることで、同年代に
おける東京市小学校特別学級編制の意義や課題が示された。その結果、この時
期新設された特別学級では、過大学級・二部教授等の劣悪な教育環境や家庭貧
困、身体健康上の問題のために学業不振に陥いる子どもへの教育救済策とし
て、彼らの学業・知能・健康状態の科学的把握と個別的な教育対応を実施する
ことで、「原級復帰」が目指されていたことが明らかにされた。

　第9章「関東大震災後の東京市の教育復興計画と多様な教育困難を有する子
どもの特別学級編制」では、関東大震災後の震災復興事業において、東京市学
務課は教育復興計画に教育救済事業をどのように位置づけたのか、とくに東京
市の特別学級の復旧・復興過程に着目して検討がなされた。その結果、震災の
翌年には特別学級は復旧・新設されていたことや、震災後の特別学級は、単に
学業不振への教育的対応というよりも多様な生活・発達や教育の困難を有する
子どもへの教育救済事業としての役割が大きく期待されていたため、当該学級
の迅速な復旧とさらなる設置促進がなされていたことが明らかにされた。

　以上のように本書は、「貧困・児童労働・不就学」等といったさまざまな教
育困難を抱えた子どもへの初等教育機関が当時東京市に開設され、そこでは子
どもの多様な生活と発達の困難に応じた「特別な教育的配慮・対応」が実施さ
れていたことに加えて、初等教育が普及・発展する明治後期から大正期におけ
るこのような「特別な教育的配慮・対応」が、公立尋常小学校の特別学級編制
等に引き継がれていったことを明らかにするものである。本書は、その研究過
程の中で、多様な困難をもつ子どもへの教育的配慮・対応が、当時教育行政に
よって如何にして展開されたのか、とくに急激な近代化・産業化により、「貧
困・児童労働・不就学」等といった子どもの多様な教育問題が深刻化した東京
市において、「特別な教育的配慮・対応」が歴史的に如何なる経緯で誕生し実
践されてきたのかを、豊富な一次史料に基づき詳細に検討を行った、まさに労
作であるといえる。困難を抱える多様な子どもの問題、とりわけ貧困問題は社
会現象でもあり、現代においても共通する課題であることから、教育学・教育
史研究者のみならず、経済学、社会学等を専門とする研究者にも是非とも一読
いただきたい。

　最後に、今後さらなる分析を期待したい点であるが、石井氏も述べているように（p.258、p.275）、本書では明らかにされなかった昭和戦前期以降の「特別な教育的配慮・対応」システムの展開との連続性（非連続性）を検討することに加えて、評者の関心に即して述べるならば、東京市以外の地域（とくに都市部）との比較検証を行うことも、東京市における独自性の有無を明確にする上で不可欠であると考える。さらに、現場の教員等が「特別な教育的配慮・対応」を促進させた理論的背景、とくにその形成過程についても是非とも解明いただきたいところである。本書では、教員等の米国視察や東京市主催の講習会への参加があったことが紹介されているが（p.201、pp.214-215）、さらなる理由があったのか否か、個人的には関心がある。というのも評者は、奈良県下における特別学級史研究を行う中で、他校との交流が教員等の理論形成に重要な役割を占めていたことを確認している（たとえば奈良女高師附小の教員は特別学級設置に先立ち、本書でも着目された万年小や東京高師附小第三部特別学級等を視察している）。以上検討は、「特別な教育的配慮・対応」が促進された理由をより明確にするのみならず、「特別な教育的配慮・対応」の史的研究の深化にもつながると考えている。

SNE ジャーナル, 29(1), 2023, 147−151

書評

能田　昴著

『濃尾震災（1891 年）における子ども救済と
　特別教育史研究』

（風間書房、2022 年）

評者：田中　謙（日本大学）

1.　はじめに

　本書は著者の博士（教育学）学位論文「近代日本における災害救済と障害・疾病等を有する子どもの特別教育史研究―濃尾震災（1891 年）を中心として―」（東京学芸大学大学院連合学校教育学研究科、2020（令和 2）年 3 月）を基に加除・修正等を加えた刊行物である。

　新型コロナウイルス感染症（以下、COVID-19）は、2019（令和元）年 12 月に初めて検出されて以降、2020（令和 2）年に入り急速に国際社会で感染拡大（パンデミック）が生じ、現代社会において子どもの生活に大きな影響を与えている。日本においても 2020（令和 2）年 2 月 28 日に文部科学省より「新型コロナウイルス感染症対策のための小学校，中学校，高等学校及び特別支援学校等における一斉臨時休業について（通知）」（令和 2 年 2 月 28 日文科初第 1585 号文部科学事務次官通知）が示され、全国で休校の措置がとられる等学校教育にも大きな影響を及ぼした。2023（令和 5）年 6 月時点においても COVID-19 の感染収束（終息）には至っていない。

　この COVID-19 のような感染症拡大（パンデミック）に限らず、2011（平成 23）年 3 月 11 日東北地方太平洋沖地震等、日本に限定しても子どもの教育環境に悪影響を与え、教育権を脅かす事象はこれまで数多く生じてきた経緯を有する。そのため、子どもの教育権を保障し、どのように教育環境を整備していくのかは、常に日本社会における重要な社会政策課題である。本書は 1891（明治 24）年 10 月 28 日に現在の岐阜県・愛知県に深刻な被害をもたらした濃尾震災を対象に事例研究に取り組んでおり、この社会政策課題に対し歴史的な視

座から政策形成のあり方への知見をもたらすことが期待される。以下、本書の概要と研究成果の概要を示しながら、今後の社会政策形成にもたらす新たな視座の確認を行うこととしたい。

2．本書の概要

　本書は「『災害と子ども 被災・救済の特別教育史』分野の開拓」を目指すものとして、「過去の代表的な災害における救済のあり様」を「社会的弱者、特に子ども（孤児・障害児含む）の被災の実態について歴史的検証を行うこと」を目的としている（p.9）。この目的を達するため、全2部10章（序章・終章含む）244頁で構成されている。

　第1部「濃尾震災と国家・地域行政による救済対応の諸相」は、「濃尾震災と国家・地域行政による救済対応の諸相に関する検討」を行う第2章〜第4章で構成されている（p.15）。第2部「濃尾震災と民間篤志家による救済対応の諸相」は、「民間篤志家による救済対応の取り組みに着目し、被災孤児の罹災実態や、災害救済に伴って社会的弱者・『子どもへの特別な配慮』が発生する事例について検討」を行う第5章〜第8章で構成されている（p.15）。

　第1部第2章「濃尾震災と近代国民国家体制における社会的弱者の救済」では、災害によって露呈した近代国民国家体制における社会的弱者への視座の検討を行い、社会的弱者は天災だけでなく社会災害・人災の被害も受けており、「子ども存在の軽視、障害児の生命・生存の保障という視点の欠落」という当時の行政課題を指摘している（p.47）。第3章「濃尾震災による岐阜県下の子ども・学校の被害実態と教育復興の取り組み」では、濃尾震災における岐阜県の子どもと小学校の被害実態と教育復興の経過を検討し、震災が子どもに「大きな不安・恐怖・動揺」等をもたらしたとともに、教育復興支援も行政政策の立ち遅れ等を背景に仮校舎等劣悪な教育環境整備に留まるものも多かったことを明らかにしている（p.64）。第4章「濃尾震災による愛知県下の子ども・学校の被害実態と教育復興の取り組み」では、愛知県の事例を検討し、震災前の困窮状況が震災でさらに悪化し、登校不能に至る児童が生じる等、過酷な状況が生じていたこと、また子どもの生命や生活よりも「教育勅語」「御真影」奉護を優先する行政姿勢に関しても指摘している（p.82）。

　第 2 部第 5 章「石井十次による孤児救済活動と震災孤児院・岡山孤児院における取り組み」では、石井十次による震災孤児院・岡山孤児院での取り組みから震災孤児が抱えていた各種の困難の実態と孤児救済保護の実相を検討し、孤児の被害の深刻さだけでなく、被災経験を有する孤児の視点からの救済保護実践の特質を示した（pp.102-103）。第 6 章「石井亮一による孤児教育保護活動と孤女学院・滝乃川学園における取り組み」では、石井亮一による孤児救済・教育保護活動を分析し、石井が被災地における孤児・孤女の人身売買問題に取り組み、「孤女學院」設立、救済・教育保護活動等が「白痴」児教育へとつながっていく視座であった可能性を明らかにした（pp.124-125）。第 7 章「森巻耳と A. F. チャペルによる濃尾震災被災盲人の救済活動と『鍼按練習所』『岐阜聖公会訓盲院』の開設」では、森巻耳と A. F. チャペルによる濃尾震災被災の視覚障害者に対する救済活動の分析から、視覚障害者に対する中長期的な支援の必要性に関する判断が「鍼按練習所」「岐阜聖公会訓盲院」の開設につながったことを示した（p.148）。第 8 章「長崎における濃尾震災義援活動と長崎慈善会・安中半三郎および野村惣四郎による長崎盲唖院の設立」では、長崎慈善会、長崎盲唖院の活動とその意義の検討を行い、濃尾震災を契機に「将来にわたる同様の災害・厄災に対して広く対応しようとする」取り組みとして長崎盲唖院設立につながる動きを解明している。

3.　本書の意義

　本書を通して、大規模震災等が社会的弱者の人権・生存、生活に関する問題を生じさせることは、歴史的に見ても連続性のある課題であることが示された。特に濃尾震災の事例からは「子ども存在の軽視、障害児の生命・生存の保障という視点の欠落」という時代的課題を示しながらも、特別な配慮を必要とする社会的弱者、特に子どもの存在を浮き彫りにされている。さらに、そのような特別なニーズのある子どもに対する支援機関等の創設がなされたことが、日本の障害児教育保護システムの源流に位置づく可能性が示された。この史実に基づく指摘は、特に特別ニーズ教育史研究において極めて重要な知見をもたらすものである。この点を踏まえ本書の意義を示すと次の 2 点をあげることができる。

　1点目は、震災等に示される未曾有の災害（自然災害）時における社会的弱者を含む人々に対する直接的、言い換えれば一次的な罹災に目を向けるのみならず、社会が創り出す二次的、三次的災害（社会災害）による罹災にも目を向け、対策のための社会システム整備を推し進める必要性を、歴史的事象から現代社会に対して示したことである。歴史的事象から得られる不測の事態への備えのみならず、不測の事態が生じさせる二次的、三次的被害の可能性まで考慮して対策を立案する必要性を本書は示している。それはまさに社会的弱者に対する偏見・差別等への対応だけでなく、社会システムの不備により生じる社会災害に対する不断的なシステム整備にも取り組むことが不可欠であることに警鐘を鳴らすものである。

　2点目は、濃尾震災により社会で顕在化した社会的弱者の特別ニーズに対する救済や教育保護活動実践の実態を明らかにし、従来の教育、社会福祉領域の研究では描ききれていなかった側面を浮かび上がらせることに成功しており、特別ニーズ教育研究の裾野を広げたことである。能田氏は本書の対象である震災のみならず、「スペイン風邪」を事例にパンデミックの歴史に関しても研究を進めており[1]、実証的な特別ニーズ教育研究進展の必要性を本書を通して発信し、着実に進めていることも高い評価に値すると考える。

4．本書の課題

　最後の本書の課題について2点指摘したい。

　1点目は、濃尾震災における被災と救済の実相を明らかにし、特に民間篤志家の取り組みを丁寧に描き出している点が特徴としてあげられる。しかしながら、この民間篤志家の取り組みは、その後の国家行政や地方行政にどのような影響を与えた、あるいは与えられなかったのか、その要因は何であったのかについての言及は限られている。行政−民間の2項間関係の視座では不十分かもしれないものの、民間篤志家の取り組みが行政政策形成に影響を与えた／与えられなかったのかについても、社会政策課題への知見としてより詳細な言及を望みたかった。

　2点目は濃尾震災が現在の岐阜県、愛知県を中心に甚大な被害をもたらしたことから、本書では両県の地域史としての検討に取り組んでいる。しかしなが

ら、濃尾震災の被害は現在の滋賀県や福井県にも尋常ならぬ被害をもたらした
ことは知られており、これらの地域での被災と救済の実相に関する分析はほと
んどなされていない。震災は震源地に近い被災地域を中心に検討されるもの
の、その周辺地域にも被害をもたらすことは想像に難くない。しかしその実態
は震源地に関する報告に比して手薄となりやすく、検証が遅れる傾向にある。

　これら2点の指摘は評者の関心に寄りすぎるきらいがあるものの、ぜひ追加
での検証報告を待ちたいものである。これらの課題を指摘したものの、本書は
特別ニーズ教育研究に取り組む者にとっての必読書であることは間違いないこ
とを付記するものである。

注
　1)　能田昴・髙橋智（2022）「スペイン風邪パンデミック（1918-1920）における日本
　　　の子どもと学校教育」日本特別ニーズ教育学会『SNE ジャーナル』28(1), 123-
　　　135.

152　　　　　　　　　　SNE ジャーナル，29(1)，2023，152 – 155

図書紹介

原田大介著

『インクルーシブな国語科教育入門
—マジョリティを前提につくられたカリキュラム・教育方法を問いなおす—』

（明治図書出版、2022 年）

紹介者：羽山裕子（滋賀大学）

　本書は、インクルーシブな国語科教育を実現するために、現状の問題点を整理し、目指すべき方向性を示した書籍である。多様な子どもたちが安心して学べるような、インクルーシブな教育の重要性が説かれて久しい。各学校でこれを着実に実践していくためには、総論を超えて、個々の教科の特徴に応じたインクルーシブなカリキュラムや授業の在り方を明らかにすることが必要であろう。国語科という特定の教科に絞り、「カリキュラム・教育方法を問いなおす」と副題に掲げる本書は、まさにこのような期待に応えるものである。

　本書は、タイトルに「入門」とある通り、この分野に詳しくない読者でも読みやすい書籍である。具体的な事実を例示しながら論が進められており、それぞれが自身の受けてきた国語科の授業を思い出しながら、納得して読み進めることができる。一方で本書は、非常に硬派な学術書としての性格も併せ持っている。著者の原田氏は、現在の国語教育が「マジョリティを前提につくられた」ものであると看破し、その抱える問題点を忖度なく明るみに出している。そして、その改善のための主張を事実で裏付けながら着実に進め、末尾では残された課題も誠実に示している。先行実践・先行研究の批判的検討と、自身の主張の論理的な提示、そして残された課題の明示といった、学術論文の構造を持つ著書でもあるのだ。このような本書を読んで気づかせられる様々な論点は、実践を組み立てる際の指標となる一方で、当該学問分野の今後の学術研究の切り口としても重要なものである。一冊で二度美味しい書籍なのである。以下では、本書の読みどころを三つの点から紹介したい。

　本書の特徴の一点目は、曖昧なままに用いられている主要概念を、じっくりと吟味して再定義している点である。インクルーシブ教育とは？　国語科教育とは？　と問われたとき、私たちはどのような言葉で説明をするだろうか。原田氏は、インクルーシブ教育の条件として「子どもたちが自身に賦与されたマイノリティ性とマジョリティ性（社会的特権）を見つめ、個人（だけ）の責任ではなく社会構造の問題として捉えなおし、解決するための方向性を模索できる知識や技能、態度や価値観を学ぶ場であること」（p.26）を挙げる。「障害」のある子どもへの「支援」という個に閉じたとらえ方にとどまらず、マジョリティとマイノリティという全体構造の問題としてインクルーシブ教育の条件を把握することが、原田氏のインクルーシブな国語科教育論の土台なのである。

　印象的なのは、インクルーシブ教育を問いなおすことを通して、著者が自身のマジョリティ性とマイノリティ性を見つめ、「マイノリティだと思っていた自分には、複数のマジョリティ性も賦与されていることに気づいた」（p.26）との認識に至っていることである。人はみな、マジョリティ性とマイノリティ性を有する存在であり、そこから逃れることは難しい。国語科の授業を行う一人ひとりの教員も然りである。自らを中立的で無色透明な存在と暗に想定せず、自身を省みてそのマジョリティ性とマイノリティ性を自覚することが、インクルーシブな国語科教育を実践するための第一歩なのかもしれない。

　本書の特徴の二点目は、隣接する概念である、国語科の授業のユニバーサルデザインを取り上げ、それとの相違点を丁寧に整理しながら、本書で目指すところのインクルーシブな国語科教育を論じているところである。多様な子どもたちの学びを保障するために、授業のユニバーサルデザインの主張が提示したものの功績は大きい。一方で、そこで示される授業論には、修正や更新の必要な点もあろう。

　本書では、日本授業UD学会が提唱する授業のユニバーサルデザイン（授業UD）、とりわけ桂聖氏による国語科の授業UDについて、①カリキュラム自体を問いなおす視座がない。②外国につながる児童や多様な性を生きる児童など、発達障害以外の子どもたちの多様性が十分に想定されていない。③単元学習の視座が欠落している。④授業外の時間軸や空間軸を生きる子どもたちへの理解が弱い。⑤国語科の目標や方法に「論理」を特権的・偏向的に位置づけて

いるために、「論理」以外のことばの学びの可能性を狭めているといった五点の問題点を指摘している（pp.80-81）。これに対して、インクルーシブな国語科教育においては、①人権、民主主義、反差別の原理、②多様な感情や感覚の共有、③「包摂」と「再包摂」、④価値の追究過程、⑤マジョリティの側の変革の五つの軸が示される。各々の中身は本書を参照されたいが、特に③や⑤など、マジョリティの側にいる子どもたちにとってのインクルーシブな国語科教育の意味をも問うている点が示唆深い。

　本書の特徴の三点目は、現行の学習指導要領のもとで描き得るインクルーシブな国語科教育と、その限界を乗り越えるような新たな国語科教育とを「二つの方向性」として対比的に示した点である。原田氏は、小学校学習指導要領に示される国語科の教育目標を、インクルージョンの思想（多様性を包摂する観点）との親和性の高さで分類し、概ね高い親和性を持つことを指摘する。カリキュラムにおけるインクルージョンは、履修原理や個に応じる余地などを論点として語られがちであるため、教科固有の教育目標・教育内容がインクルーシブであるか否かという視座は、多くの読者にとって新鮮だったのではないだろうか。

　しかしながら、学習指導要領の記述を敷衍するだけでは、インクルーシブな国語科教育を実現しえないことが明らかにされる。なぜなら、学習指導要領の示す国語科教育目標には、学び手を日本語母語の日本人に限定してとらえているかのような文言が見られるなど、マイノリティの疎外につながる面もあるからである。このような限界を乗り越えるために、「理論と実践をラディカル（根源的）に問いなおすことをめざした国語科カリキュラムのインクルーシブ化へ」という方向性が求められる。

　以上のように、国語科教育の現状を解きほぐし、インクルーシブな国語科教育として再構築する本書であるが、なお残された課題として、①マイノリティ性が先だつ子どもたちの学びへの包摂をめざした実践や理論の研究が、質的・量的に不十分であること。②マイノリティ性やマジョリティ性（社会的特権）を国語科の文脈で学ぶための実践や理論の研究が不十分であること。③社会規範や社会構造を問いなおす理論の知見を手がかりに、従来の国語科教育の実践や理論を検討する観点が不十分であることの三点を挙げている（pp.196-202）。

今後、原田氏の研究の進展に伴って、これらの点への応答を本書のような形で再び目にできることを楽しみにするとともに、読者である私たち一人ひとりも、自らのマジョリティ／マイノリティ性とは？　伝え合いとは？　といった点を、日々の生活や他者との関わりの中で考え続けていきたい。

2023 年度日本特別ニーズ教育学会奨励賞
および文献賞の授賞について

2023 年 9 月 10 日

日本特別ニーズ教育学会理事会

代表理事　田部　絢子

研究委員長・奨励賞選考委員長　松崎　保弘

　2023 年度日本特別ニーズ教育学会奨励賞につきまして、日本特別ニーズ教育学会奨励賞規程に基づき、『SNE ジャーナル』第 28 巻 1 号の「原著」および「実践研究」の区分に掲載された論文を対象に選考を行いました。

　奨励賞選考委員会による予備選考により授賞候補論文を選定した後、理事会（2023 年 9 月 9 日開催）にて審議した結果、以下の論文を 2023 年度日本特別ニーズ教育学会奨励賞授賞論文として決定し、古殿真大氏（名古屋大学大学院教育発達科学研究科）に 2023 年度日本特別ニーズ教育学会奨励賞を授与することとなりましたのでご報告いたします。

> 授賞者　古殿真大氏
> 　　　　授賞対象論文：＜原著＞古殿真大「教育事例集に見られる緘黙児
> 　　　　認識の変化－『問題児指導の実際』と『情緒障害教育事例集』に
> 　　　　見られる転換－」

　続いて、2023 年度日本特別ニーズ教育学会文献賞につきまして、日本特別ニーズ教育学会文献賞規程に基き、『SNE ジャーナル』第 28 巻 1 号に「書評」として掲載された本学会会員の学術研究図書を対象に選考を行いました。理事会（2023 年 9 月 9 日開催）にて審議した結果、内藤千尋氏（山梨大学）に2023 年度日本特別ニーズ教育学会文献賞を授与することとなりましたのでご報告いたします。

授賞者　内藤千尋氏

　　　　授賞対象文献　＜書評＞評者：赤木和重（神戸大学）　内藤千尋

　　　　著『発達障害等を有する非行少年と発達支援の研究』（風間書房、

　　　　2021 年）

　なお、奨励賞および文献賞の授賞式は、2023 年 10 月 28 日～ 29 日の日本特別ニーズ教育学会第 29 回研究大会（東京学芸大学）の学会総会時に実施いたします。

2023 年度日本特別ニーズ教育学会奨励賞および文献賞授賞式

○日　　時：2023 年 10 月 28 日～ 29 日の日本特別ニーズ教育学会
　　　　　　第 29 回研究大会の学会総会時

○会　　場：東京学芸大学

日本特別ニーズ教育学会文献賞規程

第1条（目的）

　日本特別ニーズ教育学会文献賞（以下、文献賞）は、日本特別ニーズ教育学会（以下、本学会）の「特別ニーズ教育に関する理論的・実践的研究を通して、学習と発達への権利に関する教育科学の確立を期する」という目的に資するため、本学会会員が公刊した学術研究図書の顕彰を通して、特別ニーズ教育に係わる高度な専門研究の深化・発展をめざすものである。

第2条（対象）

　文献賞の対象は、前年の機関誌『SNE ジャーナル』において「書評」として掲載された本学会会員の学術研究図書とする。学術研究図書は出版社により刊行されISBN（国際標準図書番号）が付されたものであり、単著・共著の別は問わないが（編集・監修は除く）、著者全員が本学会会員であることが要件となる。

　2　過去において文献賞を授賞した本学会会員の学術研究図書についてはこれを除くものとする。

　3　初回の選考に限り、本規程制定時より5年間遡って審査対象とする。

第3条（審査・選考）

　文献賞の審査は、本学会理事会に設けられた審査委員会がこれに当たる。審査委員会の構成等については別にこれを定める。

　2　審査委員会の審査に基づき、理事会の審議により文献賞授賞者を決定する。

第4条（表彰・公表）

　文献賞授賞者の表彰は毎年本学会総会において行い、授賞者に賞状を授与するとともに、本学会ウエブサイト、機関誌『SNE ジャーナル』、会報等にて公表する。

第5条（管理運営・事務）

　文献賞に係る管理運営および事務の執行は、本学会理事会の研究委員会および事務局がこれに当たる。

付則

　1　この規程は2021年6月13日より施行する。第1回の文献賞授賞は2021年10月24日の本学会総会時に行う。

次号『SNE ジャーナル』第 30 巻（2024 年秋発刊予定）への原稿募集

『SNE ジャーナル』への投稿を歓迎します。

投稿資格、投稿原稿の種類、投稿要領などは「**投稿規定**」「**執筆規定**」をよくご覧下さい。投稿区分による原稿枚数や図表の扱いなど、規定を逸脱している原稿が毎回何本か見られます。ご注意下さい。

なお、原著論文は、本学会の研究大会もしくは研究集会等で何らかの報告をしていることが望まれます。また、通常の学校・学級、特別支援学校その他の教育機関や相談機関における、特別な教育的ニーズをもつ子ども・青年・成人にかかわる教育実践の研究・報告なども歓迎します。

投稿原稿は複数の編集委員・編集協力委員が査読し、査読結果に基づいて編集委員会が採否を決定します。

> 投稿期日につきましては、2024 年 4 月下旬を予定しておりますが、詳細は今後の理事会で決定いたします。会員の皆様には、ホームページや事務局便り等にて、年度内に詳細をお知らせいたします。

日本特別ニーズ教育学会
機関誌『SNE ジャーナル』編集委員会

◆編集委員会 E-mail : hensyu@sne-japan.net
◆投稿原稿等送付先（郵送分）：上越教育大学　池田吉史研究室
〒943-8512　新潟県上越市山屋敷町 1 番地
電話：025－521－3390（研究室直通）
＊編集委員会へのお問い合わせはメールでお願いいたします。

SNE ジャーナル編集規定、編集委員会規定、投稿規定及び執筆規定

編集規定

1．本誌は「日本特別ニーズ教育学会」(略称SNE学会) の研究誌であり、誌名を『SNE ジャーナル』とする。当分の間、原則として1年1巻とする。
2．本誌は、本誌の性格にふさわしい未発表の原著論文、実践研究、資料、報告、会報、その他で構成する。実践研究も、その実践及び研究が明確な仮説に基づいておこなわれ、論文が論理的に構成されているものは、原著論文として扱う。
3．出版形式は印刷によるものとするが、DVD出版（原稿を単純にテキスト・ファイルに変換しただけのもの）も用意し、希望者に有償で頒布する。
4．本誌に投稿できる者は、編集委員会の依頼による者以外は、本学会の会員に限る。ただし、常任編集委員会が認めたものはその限りではない。なお、著者全員が本学会の会員であり、年度会費を納入済みであること。
5．本誌に投稿しようとする会員は、所定の投稿規定に従うものとする。

（2017年2月5日　理事会承認）

編集委員会規定

1．機関誌『SNE ジャーナル』編集委員会（以下、「編集委員会」という）は、本学会の機関誌『SNE ジャーナル』の編集ならびに発行に関わる業務を行う。
2．編集委員会は理事をもって構成する。
3．編集委員会には、編集委員の互選による編集委員長および副編集委員長を置く。編集委員長は編集委員会を代表し、機関誌の編集・発行にかかわる一切の業務を統括する。副編集委員長は編集委員長を補佐し、編集委員長事故ある場合には、その職務を代行する。
4．編集委員の任期は3年とし、再任を妨げない。
5．編集委員会は、編集委員長がこれを開催する。
6．編集委員長は、編集委員会の運営に関し、適宜、理事会に報告する。
7．編集委員会は、必要に応じて、編集協力委員を委嘱することができる。編集協力委員は編集委員会から委嘱された論文の審査に加わる。
8．編集委員会は、その業務を補佐するために編集幹事をおくことができる。編集幹事は、編集委員会の議を経て、編集委員長がこれを依嘱する。

９．この規定の改定は、理事会で承認を得るものとする。

（2017年2月5日　理事会承認）

投稿規定

１．論文投稿者は本会会員に限られる。

２．投稿原稿は未発表のものに限る。

３．本誌には特別ニーズ教育に関する未公刊の和文で書かれた原著論文、実践研究論文、資料論文、報告などオリジナルな学術論文を掲載する。

　（1）原著論文は、理論、実験、事例等に関する研究論文とする。

　（2）実践研究論文は、教育、福祉などの実践を通して、実際的な問題の究明や解決を目的とする研究論文とする。

　（3）資料論文は、原著論文に準じた内容で、資料性の高い研究論文とする。

　（4）報告は、特別ニーズ教育に関する課題について報告する論文とする。

　（5）上記論文のほか、特集論文を掲載する。

４．原著論文・実践研究は、図表をふくめて、400字詰め原稿用紙換算で50枚以内（英文抄録が必要）とする。資料は、同じく400字詰め原稿用紙換算で30枚以内（英文抄録が必要）とする。報告は、同じく400字詰め原稿用紙換算で30枚以内（英文抄録は不要）とし、その他の投稿区分が必要な場合には編集委員会が判断する。

５．原稿は全てPCによりA4判に40字×30行でタイプし、使用したソフトウェア等については所定の書式による投稿カード及び投稿チェックリスト、著作権に係る承諾書を添付すること。表紙には論文種別（投稿区分）、論文題目、キーワードを記載し、投稿者名は書かないこと。図表等は、そのまま複写ができるように、本文とは別途に実寸で作成したものを添付し、本文原稿中に印刷箇所を指示すること。図表等の印刷費は、原稿執筆者に別途負担を求めることがある。規定に従い作成した原稿は1部を郵送する（簡易書留等）とともに電子メールにてPDFとして送付すること。

６．文献及び注の記載は執筆規定によるものとする。

７．投稿原稿には、題目・氏名の英文表記を付けるものとする。

８．原著論文、実践研究、資料には、執筆者の責任で3〜5項目のキーワード（和文・英文）を付けるものとする。

９．投稿原稿（報告を除く）には、本文とは別に、英文で300ワード程度の抄録を付け、その和文訳を添付するものとする。執筆者の責任で正確な英文にして提出すること。なお、英文以外を認めることがある。

10．日本語を母語としない投稿者が投稿する場合は、英文での投稿を認める。その際には、400字程度の日本語による抄録を付けるものとする。なお、英文以外を認めること

もある。

11. 原著論文および実践研究論文は、その論文内容に関する研究成果を投稿以前もしく
は当該年度の本学会大会にて発表することを要する。

12. 投稿者は本学会の「倫理綱領」及び日本学術会議「科学者の行動規範改定版」を遵
守し、投稿論文の内容について十分に人権及び研究倫理上の配慮をしなければならな
い。また、研究実施の際に配慮した研究倫理に係る事項があれば、論文中に記載する
こと。

13. 印刷の体裁、その他は編集委員会が決定する。

14. 投稿原稿は、返還しない。

15. 『SNE ジャーナル』掲載原稿の著作権は、学会に所属するものとする。

（2017年2月5日　理事会承認）

執筆規定

1．表記については新仮名遣い、当用漢字、算用数字の使用を原則とするが、歴史的史
資料等についてはこの限りではない。

2．外国語の表記については次のいずれかに統一する。

①外国人名・地名等の固有名詞以外は訳語を用い、必要な場合にのみ初出の際だけ
原語を付する。

②すべて訳語を用い、必要な場合にのみ初出の際だけ原語を付する。

3．註記については最後にまとめ、引用文献も含めて本文中に 1）2）3）のように連番で
明示すること。文献記述の形式は次のとおりとするが、全体が統一されていれば、発
行年を著者名の直後に（　）で挿入してもよい。

＊雑誌の場合は、著者名、題目、雑誌名、巻号数、発行年、論文所在頁、単行本の場合
は著者名、書名、発行所、発行年、引用該当頁、とし、共著単行本の場合は雑誌に準
ずる形式とする。

例）

Rosenqvist, Jerry: Special Education in Sweden. *European Journal of Special Needs Education*, Vol.8, No.1, 1993, 59-73.

荒川智『ドイツ障害児教育史研究—補助学校教育の確立と変容—』亜紀書房、1990、
35-48。

清水貞夫「障害児義務教育制度の直面する問題」茂木俊彦・清水貞夫編著『障害児
教育改革の展望』全障研出版部、1995、97-166。

（2017年2月5日　理事会承認）

「日本特別ニーズ教育学会」会則

第1条（名称）

　本会は、日本特別ニーズ教育学会（略称「SNE」学会）と称する。英語表記を"Japanese Society for Special Needs Education" とする。

第2条（事務局の所在）

　事務局は、山梨大学（山梨県甲府市武田 4-4-37）におく。

第3条（目的）

　本会は、特別ニーズ教育に関する理論的・実践的研究を通して、学習と発達への権利に関する教育科学の確立を期する。

第4条（事業）

　本会は次の事業を行う。

　　1 研究大会の開催。研究大会の開催にかかる規定は別に定める。

　　2 研究誌の発行。研究誌の発行は編集委員会が担当する。

　　3 研究委員会の組織。研究委員会は理事会が決定する。

　　4 研究成果に基づく図書などの刊行。

　　5 国際的な学術交流、共同研究の推進。

　　6 その他、本会の目的を達成するために必要な事業を行う。

第5条（会員）

　　1 本会の目的に賛同し、その目的追求に参加する意志を有する者は、会員となることができる。入会にかかる規定は別に定める。

　　2 本会の運営・発展に大きな功績を残した会員を「名誉会員」とすることができる。名誉会員にかかる規定は別に定める。

　　3 会員は、退会する場合には、当該年度までの会費を納めたのち、理事会に別に定める退会届を提出して承認を受ける。

　　4 会員は、次のいずれかに該当するに至ったときは、その資格を喪失する。

　　　(1) 第11条に示す会費納入が 2 年以上滞ったとき。

　　　(2) 当該会員が死亡したとき。

第6条（会員の権利）

　1 会員は、本会の事業に参加することができる。

　2 会員は、総会に出席して意見を述べ、議決に参加することができる。

　3 会員は、研究大会において発表することができる。また、研究誌に投稿することができる。

第7条（総会）

　本会の最高議決機関は総会である。定期総会は年1回開かれる。臨時総会は、理事会がこれを招集する。理事会は、会員の3分の1以上の署名による要求があるときは、総会を招集しなければならない。

　総会における審議事項は別に定める。

第8条（役員）

　本会に次の役員を置く。

　1 理事

　(1) 理事の任期は3年とし、連続する任期は6年までとする。理事の選出は、会員の選挙による。選挙の方法は別に定める。

　(2) 理事会における選挙により代表理事を選出する。

　(3) 代表理事の指名により副代表理事を置くことができる。副代表理事は、代表理事を補佐または代行する。

　2 事務局長及び幹事。事務局長及び幹事は理事会が委嘱する。

　3 会計監査。会計監査は理事会が委嘱する。

　4 必要に応じて評議員を置くことができる。評議員は理事会が委嘱し、評議員にかかる規定は別に定める。

第9条（理事会）

　1 理事は、理事会を組織し、本会の会務全体を総括する。

　2 理事会の議長は代表理事が務める。

第10条（事務局）

　本会に事務局をおき、事務局長と幹事で構成する。事務局は会の事務処理を行う。

第11条（会計）

　1 本会の経費は、会費、寄付金、補助金、印税その他の収入により賄う。

2 会費は、年額 7000 円とする。

3 会計年度は、毎年 4 月 1 日から翌年の 3 月 31 日までとする。

第 12 条（会則改正）

本会則の改正は、総会において 3 分の 2 以上の同意によって行われる。

第 13 条（細則）

1 本会の運営を民主的かつ円滑にするために、別に会則細則を定めることができる。

2 会則細則の決定および改正は理事会の承認による。

付則　本会の会則は、1995 年 11 月 25 日より施行する。

付則　本会の会則は 1999 年 11 月 7 日に改正する。

付則　本会の会則は 2007 年 10 月 20 日に改正する。

付則　本会の会則は 2009 年 10 月 17 日に改正する。

付則　本会の会則は 2012 年 10 月 21 日に改正する。

付則　本会の会則は 2013 年 10 月 20 日に改正する。

付則　本会の会則は 2016 年 10 月 16 日に改正する。

付則　本会の会則は 2019 年 10 月 20 日に改正する。

付則　本会の会則は 2020 年 10 月 18 日に改正する。

付則　本会の会則は 2023 年 10 月 29 日に改正する。

SNE JOURNAL Vol.29 No.1
Contents

SPECIAL ISSUES : Special Needs Education Explored through the Recommendations of the UN Committee on the Rights of Persons with Disabilities

edited by
Japanese Society for Special Needs Education

Redefinition of the "Special Educational Needs" and SEN-systems

KUBOSHIMA Tsutomu

The term of "special educational needs" is questioned since long, as Ainscow criticised," the term special educational needs has outlived its usefulness". Warnock argued that SEN had resulted in a single category of need and therefore in a rejection of differences between individuals. Inclusive education in Italy indicated that Italian inclusion is based on the "medical diagnosis" as medical category, not on it's rejection. The "medical category" and "social category" are possible to coexist. Hornby proposed the "inclusive special education" bridging special education and inclusive education. SEN-system is reconstructed as the basic category in the "inclusive special education" concept.

UN Committee on the Rights of Persons with Disabilities Recommendations （Concluding Observations） and Challenges for Special Needs Education and Inclusive Education Research.

SANAGI Tomomi

The author discussed the concerns and the recommendations from the Commission on the Rights of Persons with Disabilities (CRPD) (Concluding Observations) from the perspective that both the concepts of both special educational needs and inclusive education are dynamic in nature and always represent processes. The author also addressed issues related to future research on tailored education and research on inclusive education. Some news media reported that the CRPD recommended the Japanese government to cease segregated special education for pupils with disabilities. However, since the "Salamanca Statement" was issued, the United Nations has consistently recognized the necessity of special schools under certain conditions, and has never called for the complete closing of special schools, including this recommendation to the Japanese government. The recommendations presented by the CRPD did not consider the existence of special needs schools and classes as inadequate, much less demand their complete ceasing. The CRPD's concern is that the Japanese government has failed to undertake the fundamental overhaul of the education system that would be necessary to expand the roles and responsibilities of mainstream schools and classes. It has been pointed out by CRPD that the Japanese school education system is going to perpetuate the method of expanding special needs education, which provides educational opportunities for children with disabilities mainly in places other than mainstream classes. What the United Nations is asking each country that has ratified the Convention is to improve and develop the whole school system. Specifically, it is necessary to clearly position the essence of the concept of inclusive education at the core of the Japanese school education system, and to guarantee diverse learning opportunities that ensure high quality education for all children. As academic issues, first of all, we should discuss the possibilities and limitations of inclusive education without making it an implicit promise. In the process of this discussion, it is important to continue discussions that do not exclude each other, even if there are conflicts. In the future, academics will be required to provide theories and academic grounds for a concrete image of a school education system that includes a diversity of special needs.

Barriers to developing inclusive education in Japan

NAKAMURA Kenryu

A major challenge in promoting inclusive education in Japan is how to encourage the participation of children with intellectual disabilities in subject learning. As the difference in abilities grows, understanding the learning content becomes more difficult, placing a greater burden on teachers, although some parents desire complete inclusion. The confusion in mainstream educational settings stems from differences in evaluations of children's abilities between parents and teachers, emotional conflicts between schools and parents, a lack of teacher decision-making skills and teaching literacy utilizing ICT-based assistive technologies, and classrooms that prioritize group instruction, among various factors. The demand for individualized optimal learning from truant children and gifted children has expanded, leading to the acceptance of learning partially outside traditional school environments. If education where all children can engage in multiple forms of learning as needed becomes the norm, inclusive education for children with disabilities should not be an extreme dichotomy of inclusion or separation but rather an adaptable approach that allows different learning environments to be utilized as necessary without resistance.

The Issues and Prospects of "Regular Classroom Reform" in Inclusive Education: Relaxation of Norms and Creating Lessons Based on Diversity

AKAGI Kazushige

The purpose of this article is to provide an overview of the current state of inclusive education and to discuss its prospects, focusing on the reforms in regular classrooms. First, attention is drawn to the phenomenon of students transferring from regular classrooms to special education classes or schools. Furthermore, it is pointed out that the reasons for the decreasing inclusivity of regular classrooms lie in (1) the increasing emphasis on uniformity in learning and school life disciplines, exemplified by "standardized teaching," and (2) the intensification of uniform content and pace in the curriculum. In response to the challenge of improving inclusivity in regular classrooms, approaches such as "classroom design based on Universal Design" and the practices at the Ozora Elementary School are presented. Additionally, future strategies for enhancing inclusivity are outlined as follows: (1) The need to relax and evolve existing classroom rules and discipline while maintaining them as a foundation, and (2) aiming to create classrooms and schools that start from the academic abilities and interests of the children who study in regular classrooms. It is important to note that these strategies are framed as a "result" aimed at safeguarding the best interests of children.

Historical Study of the Relationship between Vocational and Career Education for Children with Intellectual Disabilities

TATSUTA Yuko

This paper provides a historical analysis of the formation process of vocational education in the education of the intellectually disabled and clarifies its relationship with career education. Education for the mentally handicapped has been focused on independence since the postwar period. In the immediate postwar period, independence meant vocational independence, which was the goal of education, and later, the emphasis shifted to forming attitudes toward professional life. It became necessary to develop work-based learning, considering both life age and developmental age for accommodate students with severe and multiple disabilities after the introduction of compulsory schooling for children with disabilities. The concept of independence has broadened, and self-selection and decision-making have become important in promoting education for students with intellectual disabilities. The course of study for special needs schools explicitly included a statement on career education in 2009. The introduction of career education in education intellectually disabled is one of the tools and an aid to school reform, as it helps to formulate their thoughts and wishes and link for future lives while placing an emphasis on traditional, life-based experiences.

Approach to organization by out of class teachers in special needs schools for intellectual disabilities

MURAURA Shinnosuke　　OKUZUMI Hideyuki

This study aimed to measure the characteristics of the professional development of teachers in special needs schools for intellectual disabilities based on the involvement of out-of-classroom teachers in their organization. The survey was conducted over a month in 2021using a web-based questionnaire in Microsoft Forms with a sample consisting of out-of-class teachers in special needs schools for intellectual disabilities nationwide. Out of the 160 responses collected, with one response from each school, 134 valid responses (excluding outliers) were included in the analysis. The analyzed positions were head teacher, self-reliance specialist, and head of research division. The questionnaire utilized a 4-point rating scale, multiple-choice, and open-ended questions regarding the school's internal approach. The results indicated that out-of-class teachers self-evaluated their approach as necessary and effective for professional development within the school. Furthermore, self-reliance specialists were significantly more likely than other groups to utilize theories and methods related to teaching and support, to use technical terms to explain them to the school, and record teaching and support specifically for out-of-class teachers. Finally, a tendency to use such terminology and record teaching and support exclusively for out-of-class teachers was observed.

編集後記

　2022（令和4）年10月30日に開催された2022年度日本特別ニーズ教育学会総会において第10期理事会が発足しました。それに伴い、第29巻より編集委員会が変わりました。新たな編集委員会をどうぞよろしくお願い申し上げます。

　本誌第29巻の特集は「国連障害者権利委員会勧告から探る特別ニーズ教育」です。2022年9月に、国連障害者権利委員会から日本政府に対して出された、国連障害者権利条約の履行に関する総括所見（勧告）を踏まえ、特別ニーズ教育とは何か、特別ニーズ教育とインクルーシブ教育とはいかなる関係性にあるかについて改めて問い直そうとするものです。前号に引き続き、皆様とともに考えていく機会となれば幸いです。

　本誌第29巻には、多くの投稿論文のうち数回の査読・編集委員会審議を経て「原著論文1本、資料1本、報告2本の合計4本」（採択率30.8%）を掲載することができました。前期理事会において設けられた「日本特別ニーズ教育学会奨励賞」授賞や「若手チャレンジ研究会」の開催以降、とくに原著論文・実践研究の投稿数が増加しています。今後も引き続き、本誌が会員の皆様の研究報告の場となり、特別ニーズ教育分野の研究を支えていくことができるよう、理事会・編集委員会においても研究支援体制の改善を進めていきます。

　本学会では「編集協力委員」制度を設け、投稿論文の増加と幅広い研究テーマに対応し、より精度の高い査読を行えるように努めています。投稿論文の内容に応じて、編集委員会より会員の方々に査読の依頼をしています。ピア・レビューの意義をご理解いただき、お引き受け下さいますよう、お願い申し上げます。今号におきましても、12名の方々に編集協力委員をお引き受けいただきました。ここに記して御礼申し上げます。

　ご投稿いただいた皆様、特集・書評・図書紹介・査読等をご担当いただきました皆様に感謝いたします。また、本誌の刊行を29年間の長きにわたってご担当いただいております文理閣の山下信編集長に、厚く御礼申し上げます。

（編集幹事　池田吉史）

日本特別ニーズ教育学会機関誌「SNE ジャーナル」編集委員会

『SNE ジャーナル』第 29 巻 第 1 号
国連障害者権利委員会勧告から探る特別ニーズ教育

2023 年 10 月 30 日発行

編集者　日本特別ニーズ教育学会『SNE ジャーナル』編集委員会
　　　　　　　　　　（編集委員長　山中冴子）
発行者　日本特別ニーズ教育学会
　　　　　　　　　　（代表理事　田部絢子）

発行所　図書出版　文理閣
　　　　京都市下京区七条河原町西南角　〒 600-8146
　　　　電話 075(351)7553　FAX 075(351)7560
ISBN　978-4-89259-946-0
ISSN　1343-3288

日本特別ニーズ教育学会事務局
　　〒 400-8510　山梨県甲府市武田 4-4-37
　　山梨大学大学院総合研究部
　　教育学域障害児教育講座
　　　　　　内藤　千尋　jimukyoku@sne-japan.net